Friedrich Berg

Aus Petersburg nach Poti

weitsuechtig

Friedrich Berg

Aus Petersburg nach Poti

ISBN/EAN: 9783956560972

Auflage: 1

Erscheinungsjahr: 2013

Erscheinungsort: Bremen, Deutschland

@ weitsuechtig in Access Verlag GmbH. Alle Rechte beim Verlag und bei den jeweiligen Lizenzgebern.

weitsuechtig

AUS PETERSBURG

NACH

POTI

von

Graf Fr. Berg.

E. I. Karow Universitätsbuchhändler.

DORPAT.

1879.

Brief I.

Waggon südlich von Koslow den $\frac{19}{VIII}$.

«Ich reise auf vierzehn Tage in den Kaukasus,» — sagte mir mein Freund, der Baron M., als er mich Anfang August dieses Jahres in Sangnitz, besuchte, — «komme doch mit mir!»
«Wann fährst Du?»
«Am 17-ten aus Petersburg.»
Am 17-ten August 3 Uhr Mittags sassen wir in einem überfüllten Waggon der Nicolaibahn. In Moskau langten wir mit 2 Stunden Verspätung am Morgen des 18-ten an.

Das Wesentlichste unseres dreistündigen Aufenthalts war ein sehr gutes Mittagsessen in der Restauration «Ermitage» (Эрмитажъ). Die Kellner in schneeweissen Hemden serviren rasch und sauber, während eine riesige Spieluhr mit Trommeln und Trompeten die Unterhaltung der theilweise etwas laut am Nachtisch disputirenden Gäste übertönt.

Der Zug nach Rostow war sehr lang und alle Plätze besetzt.

Die Gegend ist öde, grosse Haidekrautflächen, dürres Gras, mitunter ein undichtes Tannenwäldchen. Das Holz, mit dem unsere Locomotive geheizt wird, ist aus Stämmchen von kaum Armesdicke gehauen. Die Stationen sind sehr vereinzelt und erscheinen nach denen der Nicolaibahn höchst jämmerlich.

Am 19-ten Morgens gegen 7 Uhr wurden wir in Koslow geweckt.

Umsteigen und 2 Stunden Warten.

M. und ich fahren in die Stadt: Eine Droschke vom alten Moskauschen Schnitt, ohne Ressore, sehr lang; man sitzt seitwärts, fährt uns wegen des holprigen Pflasters im Schritt die breiten geraden Strassen entlang. Einige massive gelb gestrichene Kronsgebäude, baufällige Privathäuser; überall Schmutz, sehr viel Schmutz. Auf der Eisenbahnstation zeugen fleckige Lagen von lecken Dächern; im grossen Wartesaal ist die Lage bereits eingestürzt. Endlich geht unser Zug ab und das Panorama der fruchtbaren (черноземъ) Tschernosem-*Landschaft zieht an den Waggonfenstern vorüber. Wer Landwirth ist, der kann hier schwärmen: so weit das Auge reicht, sanft wellige Ebene, alles Feld. Es hat in der Nacht geregnet und der Boden ist schwarz wie Tusche. Weizen wird eben gesäet oder keimt schon. Hirse und Buchweizen stehen noch und werden gemäht.

Die Feldantheile jedes Bauern, Nadjelstreifen (надѣлъ), sind hier wol zehnmal so breit, als wir sie bisher gesehen.

Die Leute kommen aus den entfernten Dörfern und schlagen ein Jeder bei seinem Felde ein kleines Lager auf, um die Feldarbeit zu verrichten. Nach der Ernte wird das Getreide gleich heimgefahren, denn wenn einmal die Herbstregen den Tschernosem aufgeweicht haben, ist keine Fuhrarbeit mehr möglich. Diese Bauerwirthschaften scheinen bestens zu gedeihen; wenigstens stehen die Felder alle gut.

Aber was ist das für eine merkwürdige Niederlassung? Eine kleine Windmühle, ein Brunnen, ein ganz kleines Häuschen, eine Mauer aus Lehm, daran mit Stroh gedeckt einiges

---

* Tschernosem ist der russische technische Ausdruck für die schwarze Erde des südlichen Russlands.

Strauchflechtwerk und eine ganze Stadt von Kornkuien *. Man sagt mir, es sei das Gut eines Edelmanns. Ein Wächter allein wohnt an Ort und Stelle; die zur Arbeitzeit gedungenen Leute haben im Sommer sehr geringe Ansprüche auf Unterkommen; der Besitzer lebt in Moskau oder sonst in einer Stadt. Das Arbeitsvieh kommt auch ohne Stall aus, wenn es nur an einer Mauer oder einem geflochtenen Zaun etwas Schutz vor dem Winde hat. Der Tschernosem muss sehr willig seine Erträge hergeben, dass solche Wirthschaften zu bestehen vermögen. Da passiren wir auch verlassene Felder; doch ist solches in der Nähe der Eisenbahn eine Seltenheit.

Wir kommen nach Gräsi (Грязи), einer volkreichen, aber nicht grossen Station; ausschliesslich tatarische Kellner, ein Gedränge von Reisenden. Dann wieder nichts als die endlose wellige Ebene und Getreidefelder.

Wir fahren, inclusive der Haltezeit auf den Stationen, mit einer Geschwindigkeit von 26 Werst pro Stunde den ganzen Tag; die Ebene dauert fort: Felder und immer Felder, nur durch eine Gesellschaft Windmühlen, die am Horizont die Lage eines Dorfes bezeichnen, ab und zu unterbrochen.

---

* Kuie ist der in Livland gebrauchte Ausdruck für Feimel oder Schober.

Brief II.

Waggon im Kohlendistrict der Donischen Kosaken den $\frac{20}{VIII}$.

Gestern Abend passirten wir noch einen Wald, gegen 50 Werst lang, auf dem flachen linken Ufer der Woronesch. Es liegt hier gar kein Tschernosem oder er ist sehr stark mit Sand und anderem Erdreich vermischt. Nachdem wir auf einer langen Brücke über das bei Hochwasser überschwemmte flache linke Ufer und schliesslich auch über den Fluss gefahren waren, langten wir in der Stadt Woronesch an. Auf dem bewachsenen hohen rechten Ufer gelegen, von Gärten, Baumschulen und Parks umgeben, macht der Ort einen besonders angenehmen Eindruck nach der nie enden wollenden Ebene.

Wenn man irgend längere Reisen im südlichen Russland zu machen Gelegenheit hat, fällt es einem auf, dass fast alle Flüsse ein hohes rechtes Ufer, (нагорный берегъ), (Bergufer) und ein flaches linkes Ufer, (луговой берегъ), (Wiesenufer) haben.

Bei einiger Aufmerksamkeit wird man erkennen, dass es daher kommt, weil das Wasser der Flüsse nach rechts drängt; die stärkere Strömung und die grössere Tiefe des Flussbetts befinden sich am rechten Ufer, welches vom Wasser abgespült wird und daher steil ist, während das abgespülte Erdreich theilweise wieder auf dem linken Ufer in flachen Sandbänken abgelagert wird. Deshalb ist dieses Ufer so niedrig, dass es vom Hochwasser weithin überfluthet wird, was den üppigeren Graswuchs und den Namen «Wiesenufer» zur Folge hat. Die meisten Städte und Dörfer, welche auf dem rechten Ufer liegen, laufen Gefahr, namentlich wenn das Erdreich locker ist, untergraben zu werden und in den Fluss zu stürzen, während die älteren, auf dem linken Ufer liegenden Ortschaften vom Fluss verlassen worden sind und jetzt oft recht weit ab, landeinwärts liegen. Den Grund zu dieser merkwürdigen Erscheinung hat der kürzlich verstorbene Dr. K. E. von Baer in höchst sinnreicher Weise erklärt. Die Erde dreht sich am Aequator mit einer Geschwindigkeit von 91680 Fuss in der Minute, gleich $1571^{3}/_{4}$ Werst in der Stunde. Je näher zum Pol, desto geringer wird diese Geschwindigkeit, weil der Umfang der Erdkugel von Breitengrad zu Breitengrad abnimmt, und am Pol ist die Geschwindigkeit gleich Null.

Wir wissen ferner, dass wenn ein Körper einmal in Bewegung gesetzt ist, er diese Bewegung beibehält, wenn ihm kein Hinderniss in den Weg tritt. Andrerseits muss ein gewisser Druck auf einen Körper, der in Ruhe ist, ausgeübt werden, wenn er in Bewegung gebracht werden soll. Ebenso ist entweder ein Hinderniss oder ein Impuls erforderlich, wenn es sich darum handelt, die Geschwindigkeit, mit der sich ein Körper bewegt, zu vermindern oder zu vermehren.

Denken wir uns ein Wasserquantum, das sich in der Nähe des Pols befindet und an der langsamen Drehung um die Erdachse theilnimmt, von dort zum Aequator versetzt; um in ebenso schnellen Umlauf um die Erdachse zu gerathen, wie die Ufer, zwischen denen es sich jetzt befindet, wird dasjenige Ufer einen Druck gegen dieses Wasser ausüben müssen, von dessen Seite her die Bewegung stattfindet. Wir fühlen das Gleiche, wenn wir auf einen fahrenden Wagen aufsteigen; der Wagen reisst uns die Füsse nach vorn weg und wir müssen uns halten, um nicht zu fallen. Steigen wir dagegen aus einem fahrenden Wagen aus, so schlägt unserem Körper, welcher der Bewegung des Wagens folgt, der stillstehende Boden die Füsse in der entgegengesetzten Richtung weg, als laufe der Boden dem Wagen entgegen. Bewegt sich das Wasserquantum, von dem wir oben sprachen, vom Pol zum Aequator hin, so muss es, von seiner bisherigen Theilnahme an der langsamen Rotationsbewegung auf eine geschwindere gebracht werden und es wird bei der Drehung unserer Erdkugel von Westen nach Osten das westliche Ufer sein, welches den dazu erforderlichen Druck auf das Wasser auszuüben haben wird.

Für solche Flüsse, welche von Norden nach Süden fliessen, ist das westliche Ufer das rechte, daher ist für diese Flüsse das rechte Ufer dasjenige, welches von der Strömung angegriffen wird.

Fliesst ein Fluss dagegen von Süden nach Norden, —ich rede hier immer nur von Flüssen der nördlichen Halbkugel,— so drehte sich sein Wasser im oberen, dem Aequator näher liegenden Laufe mit grösserer Geschwindigkeit um die Erdachse als im unteren Lauf. Das Wasser muss daher in dieser Bewegung durch das östliche Ufer gehemmt werden, wird also gegen dieses Ufer andrängen. Bei Flüssen, die von Süden nach Norden fliessen, ist das östliche aber wiederum das rechte Ufer.

Daher also kommt es, dass die auf der nördlichen Halbkugel in der Richtung der Meridiane, oder annähernd so, fliessenden Flüsse, sie mögen nun nach Süden oder nach Norden fliessen, immer nach rechts drängen.

Auf der südlichen Halbkugel findet aus den nämlichen Gründen das Umgekehrte statt, d. h. die Flüsse, welche nach Norden oder nach Süden fliessen, drängen nach links.

Da die Flüsse Russlands vielfach der Richtung der Meridiane annähernd folgen, sehen wir sie dort, wo sie diese Richtung haben, auch immer an ihr rechtes Ufer drängen und wo das Erdreich locker ist, wie in den Steppen, kann man ihr Vordringen nach rechts von Jahr zu Jahr deutlich sehen.

Die Woronesch hat auf diese Art bedeutende Strecken Landes durchwühlt und die obere Erdschichte, den Tschernosem, entweder ganz weggespült oder mit anderem Erdreich vermischt; nur selten sieht man Punkte, welche der Fluss inselartig umgangen zu haben scheint, auf denen noch eine Schichte Tschernosem liegt.

Von Woronesch fährt man wieder über dieselbe Brücke auf das linke Ufer des Flusses zurück. Darauf schlägt die Bahn eine südliche Richtung ein. Die meisten Bahnlinien im südlichen Russland folgen dem linken Ufer der Flüsse, weil das angeschwemmte Land hier verhältnissmässig eben ist, während die Steppe des rechten Ufers der Flüsse durch tiefe Schluchten, Owragi, (овраги) gekerbt ist, welche das Schneewasser im losen Erdreich gegraben hat, was eine Menge Brücken nothwendig machen würde.

Den Don passiren wir gegen 8 Uhr Abends;—es ist bereits ganz dunkel.

Zwischen den Feldern schieben sich schon grosse Strecken unbebauten Landes ein.

Es wird Nacht.

Das Schlafen im Waggon war ich schon so gewohnt, dass ich erst bei Sonnenaufgang wieder erwachte. Ein dicker Nebel verhüllte Alles; der Thau fiel so stark, wie ich es bei uns kaum jemals beobachtet.

Der Temperaturunterschied der Luftschichten muss also ein sehr bedeutender sein.

Als der Nebel sich verzogen, lag die Steppenlandschaft in ihrer characteristischen Einförmigkeit vor mir: hellgrau starrten einzelne verdorrte Kräuter empor, obgleich undicht, durch ihre Gleichförmigkeit doch wie ein farbloses Tuch Alles bedeckend.

Man darf sich die Steppe aber nicht vollständig eben vorstellen; wie im offenen Meere sich langsam lange Wellen ohne Kamm und Absturz heben und senken, so liegen hier die Thäler, von etwa 5 bis 10 Werst Breite, durch flache Hügel getrennt.

Wir kommen an ein Flüsschen, dessen Thal wir folgen; es ergiesst sich in den Sewerny Donez (Сѣверный Донецъ). Die Thäler beider Flüsse sind mit kurzen Unterbrechungen ein zusammenhängendes Dorf; am Wasser ist also die Gegend durchaus nicht unbewohnt. Alle Häuser sind Masanki (мазанки) d. h. die Wände aus Weidenruthen geflochten und mit Lehm verschmiert; nur selten, wo sich Kalkstein im hohen rechten Ufer findet, auch aus Stein gebaut; immer schneeweiss getüncht, immer sehr klein, namentlich sehr niedrig, aber sehr rein.

Das Volk ist munter und lustig; ganze Haufen kommen zur Eisenbahn. Die im Zuge befindlichen Kosaken geben den Vätern und Weibern Nachrichten von ihren Söhnen und Männern, welche im Dienste sind. Heute hat das Besuchen der Bahnhöfe sehr grosse Dimensionen angenommen, da es Sonntag ist.

Wir fahren an einigen Kalkfelsen mit fast senkrecht stehenden Schichten vorüber. Bald darauf sehen wir die ersten Steinkohlengruben, anfänglich sehr vereinzelt und primitiv mit Göpelbetrieb, dann immer häufiger; oft zeugt ein langer Schornstein von Dampfbetrieb.

Eine Eisenfabrik, Ziegeleien und Kalköfen beweisen steigende Bedürfnisse und Productionsfähigkeit der Gegend; schon lange hatten wir nichts derartiges gesehen.

Bei der Station Schachtnaja (Шахтная) ist eine ganze Stadt von Minen in Betrieb. Grün gestrichene Blechdächer zeugen von einigem Wohlstande.

Eine Menge schwarzer Kohlenarbeiter und geputzter Frauen mit ihren Kindern auf dem Arm, nehmen den ganzen Bahnhof ein.

Ich sehe nicht einen Betrunkenen;—aber alle Frauen essen Kürbissamen.

Jede Spur russischer Nationaltracht ist verschwunden; die Frauen tragen Jacken und Röcke aus leichtem Baumwollenzeuge mit einem dreieckig zusammengelegten Tuche auf dem Kopf.

Ein Zug weisser Waggons des rothen Kreuzes kommt an und hält neben unserem Zuge.

Die Leute scheinen es sehr gut in diesen Waggons zu haben.

Das Volk klettert über unseren Zug, um näher an jenen zu kommen und sich von den Erlebnissen des Krieges erzählen zu lassen.

Die Stationen sind sehr häufig, durchschnittlich nur 11 Werst von einander.

Wir sehen eine Eisenbahnlinie bauen, die Donezbahn; sie wird speciell für die Kohlentransporte dienen. Ein alter Herr im Waggon erzählt viel von der Mangelhaftigkeit der jetzigen Bahn: man könne nicht einen Contract auf Kohlenlieferung mit bestimmtem Termin abschliessen, weil die Bahn aus Mangel an rollendem Material ganz unberechenbare Zeiträume zum Transport nöthig habe; auch gingen nicht selten

10 bis 25% der Kohlen unterwegs verloren. Nach dem defecten Zustande der Frachtwaggons zu urtheilen, welche ich selbst gesehen, scheint diese Klage durchaus nicht übertrieben.

Die Gegend ist sehr belebt, Züge von 60 und mehr Ochsenwagen, Reisende zu Fuss und zu Pferde sieht man allenthalben.

Das Zugvieh, welches nur damit gefuttert wird, was es in der Steppe am Wege findet, ist in dieser Jahreszeit, wo Alles verdorrt, sehr mager.

In der Nähe der Dörfer sieht man gewöhnlich einige Pferde grasen. Die Tabune (табуны), sagt man mir, seien aber alle auf dem linken, grasreichen Don-Ufer (луговой берегъ).

Viehherden und zwei Merino-Herden sah ich wol in dem dürren Grase der Steppe weiden.

Die Bahn folgt dem Thal des Aksay (Аксай) auf dessen linkem flachen Ufer; auch hier hören, den Fluss entlang, die Häuserreihen kaum jemals auf.

Die Steppe selbst ist völlig baumlos, nur hier und da im Dorfe stehen einige Weiden und Pappeln.

Das Terrain ist recht coupirt, es ziehen Schluchten vom Thal aus, in dem wir fahren, nach beiden Seiten in die Steppe hinein. Merkwürdig wenig Ackerbau sieht man: hier und da ein Hirsefeld oder eine Gruppe Heukuien; meist wächst und trocknet das Kraut je nach Regen oder Sonnenschein. Ich erkenne Wermutharten, grossblüthige Kamillen, Kümmelarten, wo es höher wird, Kletten und Disteln.

Wenn wir das Flussthal gelegentlich verlassen, behält die Steppe denselben Charakter wie im oberen Laufe des Don: — lange flache Thäler, durch eben so flache Hügel getrennt.

Mir ist Alles so neu, dass ich über Langeweile nicht

klagen kann, das einförmige Birken-und Ellerngebüsch von Moskau bis Petersburg, Pskow und Wilna ist schlimmer; doch mag eine langsame Postfahrt, wenn man tage-und wochenlang nur Steppe sieht, eine Tortur sein.

Wir passiren den Aksay und sind in Nowotscherkask (Новочеркаскъ).

Brief III.

Waggon in der Steppe vor Pjatigorsk (Пятигорскъ) den $\frac{21}{VIII}$.

In Nowotscherkask (Новочеркаскъ) machten wir einen kleinen Spaziergang. Eine Akazienallee führt das steile rechte Ufer hinauf, gegen 175 Fuss hoch. Das linke Donufer bis an den Horizont ist schon vollkommene Deltabildung, — estnisch würde man es «Lucht» nennen, — eben und kaum über die zahlreichen Flussarme und flachen Wasserlachen erhaben, üppig grün mit Gräsern und Kräutern bedeckt.

Man sieht zahlreiche Herden weiden; einige Stellen sind gemäht und stehen in Kuien; noch mehr Terrain kann nur Schnepfen und Enten Lebensunterhalt bieten.

Die Bahn führt unten am rechten Ufer dieser Niederung weiter. Wir sehen die ersten Weingärten, deren kleine, noch unreife Trauben verkauft werden.

Der Don, in mehrere Arme getheilt, vereinigt sich mit dem Aksay (Аксай).

Wir kommen nach Rostow am Don (Ростовъ на Дону).

Gutes europäisches Buffet.

Nach zwei Stunden fahren wir in sehr eleganten Salonwaggons, welche Waschbecken und, als seltene Ausnahme, auch Wasser im Reservoir haben, weiter.

Der Genuss sich mehrmals am Tage waschen zu können ist gross, wenn es heiss ist und man oft Arbusen isst, ohne eine Gabel dabei benutzen zu können. Von Rostow führt die Bahn auf zahllosen und endlosen Dämmen und Brücken über Wasserlachen, Flussbetten und Sümpfe. Dann kommt Steppe, meist ganz eben, so weit man im Dunkeln sehen kann. Sehr schmutzige kleine Stationen. Es wird Nacht. Wir erwachen erst bei Tagesanbruch. Herrliche, warme Luft!

Es ist der Süden.

Die Steppe ist eben wie das Meer, zum Theil gemäht, selten geackert. Das Terrain hebt sich etwas; wir fahren in ein weites flaches Thal, in dem sich der Kuban (Кубанъ) auf breitem Kiesbett schlängelt; nach langer Zeit wieder einmal Steine.

Der Boden ist bald mit einer schwachen Schichte Tschernosem, der aber auch stark mit anderem Erdreich versetzt scheint, bedeckt, bald sandiger Lehm; die Vegetation aber ist ohne Unterschied sehr üppig.

Sehr grosse Dörfer liegen am Fluss; endlose Herden weiden allenthalben, auch 2 kleine Pferdetabune.

Heukuien sind sehr zahlreich.

Das Volk trägt die Kaukasische Tracht: lange Tscherkeski Papachi (папахи), den Dolch am Gürtel, oft auch Pistolen und die Schaschka (шашка).

Bei der Station Newinomisskaja stehen 2 Planwagen, wie sie mir unter dem Namen Krimmscher Colonistenwagen wohl bekannt sind; daneben kauert eine kleine dicke Frau mit breitem Gesicht und verkauft frische Butter.

Was kostet die Butter? frage ich auf Deutsch: «Dreissig Kopiken». Echt schwäbischer Dialect, so weit ich es an den Lippen zu beurtheilen vermag. Von der Wolga her sind zahlreiche deutsche Colonisten auch nach dem Kaukasus gezogen.

Das Thal, in dem wir fahren, wird enger und ist noch bebauter und belebter als bisher.

Kurgani (курганы), die wir schon öfter gesehen, werden

sehr häufig; einige sind recht gross und hoch, andere vom Vieh so weit abgetrampelt, dass sie eine nur eben erkennbare Bodenanschwellung bilden. Sehr viele Herden weiden im trockenen, von der Sonne ausgeblichenen Grase, das wol noch aufrecht auf seiner Wurzel steht, aber ebenso trocken ist als wäre es auf dem Heuboden.

Die Landschaft hat durchweg eine falbe, einförmig gelblichbraune Farbe; nicht selten sind abgebrannte Stellen, wo die Funken der Locomotive das trockene Kraut angesteckt haben; auch die Sleeper, auf denen die Schienen liegen, verbrennen mitunter, wie ausgewechselte verkohlte Stücke bewiesen.

Wir sehen Leute, die zur Feldarbeit ziehen: sie führen grosse Wassertonnen, auf Ochsenwagen geladen, mit sich.

Das Dreschen geschieht, indem eine gezahnte Walze auf dem Getreide umhergefahren wird, wie bei uns in den Tennen; nur hier unter freiem Himmel.

Es ist herrlich warm. Im Waggon 19° Reaumur. Arbusen mit Weissbrod erweisen sich als höchst erquickend.

Brief IV.

Pjatigorsk (Пятигорскъ) beim Pastor Frackmann den $\frac{22}{VIII}$.

Um 1 Uhr langten wir gestern auf der Station Mineralnija-Wody (минеральныя воды) an. Eine Kalesche brachte mich die 21 Werst bis hierher. Die mit gehackten Steinen bestreute Chaussée wurde möglichst vermieden und nebenbei auf dem harten Tschernosem (чернозeмъ) gefahren, welcher eben von der Festigkeit eines gut ausgetrockneten Käse ist. Die Nägelköpfe der Hufeisen lassen auf ihm allenfalls noch einen Abdruck zurück. Gleise bilden sich aber nicht. An den Stellen, wo die Räder rollen, ist er metallisch glänzend; nicht das geringste Stäubchen löst sich von ihm ab.

Das Wetter und die Luft sind herrlich.

Die 5 Berge, von denen Pjatigorsk (Пятигорскъ) seinen Namen hat, hohe Kalkfelsen, sind um so malerischer, als sie ganz vereinzelt aus fast ebener Steppe aufsteigen. Auf ihnen wachsen die ersten Bäume, welche ich hier zu sehen bekomme, Eichengebüsch, wilde Apfelbäume, Pflaumen, Eschen, Ahorn etc. Bei der jetzigen strengen Bewachung kann daraus ein Wald werden. Man sieht hier deutlich die Wirkung der feuchtigkeitspendenden Nebelwolken, welche an den Bergen hängen und im Gegensatz zur dürren Steppe den Wechsel der Vegetation bewirken. Mein Kutscher zeigt mir Shelesnowodsk (Железноводскъ) hoch an einem Abhange, mitten zwischen dem grünen Gebüsch.

Wir fahren durch ein Dorf deutscher Colonisten. Mehrere mit grüngestrichenem Eisenblech gedeckte Dächer geben mir wieder den Beweis von Wohlstand. Gepflanzte Akazienbäume beschatten die Treppen und grosse Gemüsegärten sind mit Dornenhecken umzäunt; — aber der Weg oder die Strasse im Dorf ist, wie sie Gott geschaffen und die Ochsenwagen sie durchgraben haben. Zum Glück wird, wenn Alles zu ganz flüssigem Koth geworden, der Brei von selbst wieder eben und da, wo er austrocknet, ohne befahren zu werden, kommt keine Chaussée diesem Nivellement gleich. In einigen Strassen fliesst in der Mitte in einem Graben klares Wasser aus den Bergen; dort wird aller Kehricht hineingeworfen und von der starken Strömung weggespült.

Wir müssen durch einige solcher Wassergräben fahren. Die Pferde versinken bis über's Knie, die Kalesche kippt; — aber daran ist hier ein jeder gewohnt. In Pjatigorsk, am Ende einer mit Akazien bepflanzten Strasse «бульваръ», befindet sich die Wohnung des Pastor Frackmann. Weder er, noch die Pastorin sind zu Hause, sie sollen aber in einigen Stunden kommen. Ich gehe inzwischen in die Nicolajewsche Badeanstalt (Николаевская купальня) und nehme ein Mineralbad von 27°. Das Wasser der Quelle hat 32° R. Es enthält, wie man mir sagt, vor Allem Schwefel. Den Schwefelwasserstoff, den riecht man, dass ich davonlaufen wollte, aber das Wasser ist selten durchsichtig und klar, etwas grünlich smaragdartig schimmernd; es schmeckt salzig. Nach einem ganz guten Mittag in einem Hôtel fand ich den Pastor und die Pastorin zu Hause. Die Pastorin, geborene Sellheim aus Sangnitz, freut sich mich wiederzusehen, der Pastor macht einen grossen Spaziergang mit mir den Berg hinauf zum grossen Erdsturz (Большой провалъ), ein Bodeneinsturz im Berge; man hat seitlich einen Tunnel in den Kalkfelsen gehauen, so dass er jetzt eine hübsche helle Grotte bildet, in deren Fond eine Mineralquelle mit schaumigem, schmutzig grünem Wasser liegt. Ein Kaffeehaus daneben beweist, dass es «*un but de promenade*» der andere Zerstreuungen entbehrenden Badegäste ist.

Wir sehen ein grosses Dorf unter uns in der Steppe. Eine Kasazkaja Staniza (казацкая станица): die Kirche in der Mitte auf einem grossen freien Platze; dann wersteweit Häusergruppen und kleine Höfe mit Korn und Heukuien;— Alles von einem Wall und Graben umgeben.

Das Land, welches zu solchen Dörfern gehört, ist in 12 Stücke getheilt, die man bei uns etwa Feldlotten nennen könnte, Zehn Jahre liegt es brach und trägt die Kräuter, welche der Wind säet. Dort weidet das Vieh und wird Heu gemäht.

Dann wird das Land nach der Regel der Nadjel-Wirthschaft unter alle Bewohner des Dorfes getheilt. Jeder bekommt einen langen schmalen Streifen; 2 Jahre wird Korn gebaut, dann lässt man es wieder liegen. Da bei diesem System sehr grosse Strecken Landes erforderlich sind, müssen die Leute oft 40 Werst fahren, um auf ihre Felder zu kommen.

Brief V.

Waggon zwischen Mineralnije-Wodi und Wladikawkas den $\frac{24}{VIII}$.

Am $\frac{22}{VIII}$ bestieg ich am Morgen vor dem Kaffee den Berg Maschuga (Mamyra), welcher hinter der Stadt liegt und aus dem die Mineralquellen fliessen.

Ich habe vergessen, welche Höhe mein Barometer auf dem Gipfel angab, in Pjatigorsk zeigte er 1,900 Fuss und oben waren es, glaube ich, gegen 3,000 Fuss. Selbst auf dem Gipfel liegt noch Tschernosem, aber nur etwa 1 Fuss stark; ich habe eine Probe davon mitgenommen; sie scheint mir einen Uebergang von Tschernosem zur Moorerde zu bilden, d. h. weniger von den plastischen, dem fetten Lehm ähnlichen Eigenschaften des wirklichen Tschernosem zu haben.

(Professor Grewingk erklärte diese Proben für Moorerde, welche mit dem Tschernosem nichts zu thun habe).

Die Aussicht vom Maschuga auf die schneebedeckten Berge des Kaukasus, mit dem Elbrus in der Mitte, ist herrlich!

Die Vegetation auf dem Gipfel des Maschuga ist üppige Alpenweide. Die saftigen Gräser wachsen und vermodern hier, ohne jemals gemäht oder abgeweidet zu werden; weiter folgt Eichengebüsch mit zahlreichen anderen Sträuchern und Baumarten untermischt. Ausser den früher genannten sah ich auch den Haselnussstrauch. Ich füge meinem Briefe ein Eichenblatt bei von der Südseite des Baumes; es ist merkwürdig tief gekerbt, während auf der Nordseite die Blätter desselben Baumes denen unserer Eichen ganz ähnlich sind.

Diese Eichenart besitzt also die Eigenschaft, wie der Epheu, in der Kälte abgerundetere Blätter zu treiben als in der Wärme.

Das steile Herabsteigen fiel mir ordentlich schwer, die Kniee zitterten und ich musste mich recht zusammen nehmen, um nicht dem Zickzack des Steges zu folgen, welcher 15 Werst lang sein soll, sondern gerade hinunter zu steigen; — aber die Uhr ist schon 9, und um 10 sollen wir nach Kislowodsk (Кисловодскъ) weiter fahren.

Am Kaffeetisch erhalte ich ein aus Sangnitz datirtes Telegramm mit der Nachricht, dass der Telegraph dort fertig, Alle gesund und Alles in Ordnung sei. Wer Frau, Kind und seine Wirthschaft auf 2,000 Werst hat, segnet zweimal die Erfindung des Telegraphen! Mit wieviel mehr Freudigkeit kann ich die Naturschönheiten und was mich sonst umgiebt beobachten, nachdem ich erfahren, dass noch gestern Abend bei mir zu Hause Alles nach Wunsch ging.

Wir fahren über Essentucki (Эссентуки) nach Kislowodsk (Кисловодскъ), 40 Werst. In Essentucki wird das Wasser der Quelle N° 17 sehr gelobt. Wir gehen durch recht mangelhaft unterhaltene Baumpflanzungen zu dieser Quelle. Vermittelst einer kleinen Pumpe fliesst ein Strahl von Bleifederdicke in unser Glas; es schmeckt wie Selterswasser, welches 3 Tage im offenen Glase gestanden und dem man noch etwas Salz zugesetzt hat.

Mein Reisegefährte M. hat in Petersburg alle Sommer dieses Wasser getrunken und bestätigt, dass es dort ebenso schlecht schmecke.

Nur von dieser Quelle habe ich eine genauere Analyse erhalten können. (Sehr genaue Auskünfte über alle um Pjätigorsk liegenden Mineralquellen, habe ich nachträglich in einer Schrift des Dr. Lange gefunden: Die Mineralwässer des Kaukasus. Riga 1875.)

Ein Pfund Wasser soll enthalten:

Schwefelsaures Kali .	0,156
» Natron .	0,032
Chlornatrium (Kochsalz).	28,085
Bromnatrium .	0,038
Jodnatrium.	0,002
Phosphorsaurer Kalk (Spuren).	
Kohlensaures Natron .	33,880
Kohlensaures Lithion .	0,032
» Baryt .	0,015
» Strontian	0,024
Kohlensaurer Kalk .	2,632
» Magnesia .	2,069
» Eisenoxydul	0,016
Alaunerde .	0,009
Kiselerde	0,104
Summe der fixen Bestandtheile .	67,094
Halbgebundene Kohlensäure .	16,302
Freie Kohlensäure	7,489
Summa aller Bestandtheile .	90,885

Wir fahren das Thal des Podkushek (Подкужекъ) noch weiter hinauf; die Chaussée steigt beständig bergan. Zusammengebackener Flusskies bildet die uns zunächst liegenden Felsen, nach Augenmass oft mehrere hundert Fuss hoch; so hoch also muss der Fluss sein eigenes Bett einst mit Kies gefüllt und darauf das jetzige Thal wieder eingegraben haben. Sonst scheinen mir die Felsen, wenigstens vom Wege aus gesehen, Kalkstein zu sein; man sieht in ihnen zahlreiche Höhlen ausgewaschen; eine wird uns gezeigt, welche bis 1000 Stück Vieh soll fassen können.

Kislowodsk (Кисловодскъ) ist bei weitem der präsentabelste aller um Pjatigorsk liegenden Badeorte. Der Park ist recht hübsch und enthält viele recht gut gepflegte schattige Gänge, so dass es ein ganz angenehmer Sommeraufenthalt sein mag. Die Trinkhalle ist aus behauenem Sandstein gebaut. An einem Ende liegt die Quelle Narsan (Нарзанъ) (Riese). In einem achteckigen Bassin, welches etwa 14 Fuss Durchmesser haben mag, quillt dass Wasser mit solcher Gewalt empor, dass es förmlich gewölbt ist; schon der Anblick ist prachtvoll, der Geschmack noch besser, wie echtes Selterswasser, nur ganz ohne den immer etwas verschalten Beigeschmack des letzteren. Ich trank mit vielem Wohlgefallen mehrere Glas und kann es an Stelle des echten Selterswassers bestens empfehlen. Möchte es doch allgemein mehr Annerkennung finden. In Petersburg, Riga und Dorpat kostet die Flasche 50 Kopeken; bei grösserer Nachfrage würde der Preis sich aber gewiss bedeutend herabsetzen lassen. Die Menge des hervorquellenden Wassers muss sehr bedeutend sein; hier badet man auch darin; es gilt als sehr belebend und soll günstig auf die Schleimhäute wirken. Dass es sehr erquickend und in jeder Beziehung angenehm ist, kann ich bezeugen.

Das Ziel unserer Excursion lag aber noch 40 Werst weiter, zum Berge Barmamud (Бармамудъ). Man soll dort, auf einem hohen Felsen stehend, nur durch ein tiefes Thal vom Elbrus getrennt sein, den man gerade vor sich vom Fusse bis zum Gipfel sieht.

Die Fuhrleute in Pjatigorsk verlangten für die ganze Tour 55 Rub.; hier wollten sie, nachdem wir den halben Weg bereits zurückgelegt, doch noch 50 Rub. haben. Einige zweifellen, dass man bei dem gegenwärtigen Zustande des Weges überhaupt bis dahin werde fahren können. Wir entschlossen uns schliesslich zu reiten und mietheten 5 Kosakenpferde für 30 Rub.

Diese Pferde stehen am Nachmittag zahlreich neben der Trinkhalle und die Badegäste reiten, hier die einzige Zerstreuung, auf ihnen spazieren. Wer etwas vom Reiten nach Art der Kosaken versteht, dem kann der Anblick dieser Cavalcaden viel Scherz bereiten. Die kleinen kaukasischen Kosakensättel, für Körper von sehr geringer diametraler Ausdehnung berechnet, kurze Steigbügel, Pferde die, wenn man am Zügel zieht, durchaus nicht kehren, sondern den Kopf heben und mit offenem Maul in allen möglichen Richtungen laufen; schliesslich verliert der Reiter die Contenance, schämt sich vor den Zuschauern und will seine Ueberlegenheit durch den Gebrauch der Nagaika darthun; er versucht zu schlagen, wie er es mit einer Gerte gewohnt ist, aber die Nagaika hat in der Mitte ein sehr bewegliches Scharnier, und zum Glück für das Pferd bleibt der Versuch erfolglos.

Die Pferde, welche wir bekommen sollten, waren aber zu einer weitern Tour vermiethet und sollten erst um halb acht zurückkehren; der Wirth sagte uns, dass wir daher nicht vor 8 Uhr würden aufbrechen können: dass die Pferde Erholung brauchten, kam ihm nicht in den Sinn, obgleich wir nicht weniger als 80 Werst zu reiten hatten. Um nicht den ganzen Weg im Stockfinstern zu machen, beschlossen wir erst den andern Morgen um 3 Uhr aufzubrechen. Mein Reisegefährte M. war für seine Schwester, welche diese Excursion auch mitmachte wol etwas besorgt, sie hatte aber guten Muth. Fünf Minuten nach 3 am andern Morgen waren wir alle im Sattel. Es war so dunkel, dass man die Ohren seines Pferdes kaum sehen konnte; die Luft war laulich warm und athmete sich mit besonderm Wohlbehagen; wir konnten uns gegenseitig nicht oft genug unser Entzücken aussprechen.

Anfangs in Schluchten zwischen Hochebenen, gelangten wir bald auf eine solche hinauf. Sie stieg sehr gleichmässig an, immerwährend glaubte man an den Rand zu kommen und ein Jenseits zu sehen, aber es gab noch kein Jenseits, immer noch dieselbe stetig ansteigende Ebene; das dauerte 20 Werst. Die Sonne ging auf; — unser Führer bat sich die Erlaubniss aus, sein Gebet·sagen zu dürfen.

Wir ritten allein weiter; ich hoffte von dort, wo ich vor mir den Horizont sah, doch mindestens den Gipfel des Elbrus wieder zu erblicken und jagte im Galopp die schräge Ebene hinauf. Aber es gab noch immer kein Jenseits; wieder ansteigende Ebenen, bald etwas steiler, bald etwas flacher. Die Pferde wurden müde, wir wurden müde, aber da half nichts, es kam keine Abwechselung; es währte so alle 40 Werst.

Anfangs ritten wir durch hohes Gras, dann aber kamen stark abgeweidete Flächen, grosse Schafherden, Kuhherden von mehreren tausend Stück, welche mit ihren Kälbern hier bis zum Winter weiden, ohne von Menschenhand gemelkt zu werden.

Am Fusse der letzten Hochebene weidete ein Tabun von gegen 1500 Pferden. Es machte sich sehr malerisch: erst erschien oben am Horizont ein einzelner Reiter, dann unten am Rande der Schlucht noch zwei Reiter, welche langsam zu uns heraufsteigen. Durch ihre Burki sind die Leute gleichsam mit dem Leibe des Pferdes zu einem Ganzen vereinigt. Und dieser massive Körper bewegt sich so sicher und leicht auf dem feinen Gestell der vier schmächtigen Beinchen des Pferdes! Bekanntlich ist die Burka ein halbkreisförmiges Stück

Filz, welches, mit einem Riemen um den Hals gebunden, einen grossen Zirkelmantel abgiebt.

Als wir die Höhe erreicht, sahen wir die ganze Bergwand mit Pferden wie besäet. Ich bat einen Tabunschtschik (табунщикъ), mir zu zeigen, wie man mit dem Arkan (арканъ) ein Pferd fängt. Er fing erst ein altes Pferd, das nach einigen Sprüngen stehen blieb und sich ruhig satteln liess. Darauf fing er noch ein Füllen, welches die Schlinge um den Hals bald so zugezogen hatte, dass es hinfiel. Mit einiger Mühe brachte er mir darauf auch bei, wie der Arkan, ein etwa zolldickes, gegen sechs Faden langes Seil aus Pferdehaar sehr fest gedreht, zusammengelegt, wie gefasst und wie geworfen werden muss.

Den ersten Wurf machte ich nach einem Stein und traf richtig mit der Schlinge; dann versuchte ich meinen Diener zu fangen, warf aber zweimal hinüber. Die Schlinge fällt immer erst, wenn die ganze in Ringe zusammengelegte Schnur abgelaufen und gerade geworden ist, die Entfernung muss daher richtig taxirt werden; man bleibe von seinem Ziel immer so weit, als das ganze Seil lang ist.

Nach diesem Intermezzo gelangten wir endlich an den Ort, den man mit dem Namen Barmamud (Бармамудъ) bezeichnet. Es scheint dort früher ein Haus gestanden zu haben, jetzt sind nur einige Steinhaufen nach.

Die Hochebene hört hier mit einem jähen Absturz auf, den ich über 2000 Fuss taxire. Uns gerade gegenüber steigt aus dem Thal die riesige Masse des zweispitzigen Elbrus. Mehr als die Hälfte ist mit Schnee bedeckt, welcher in der Morgensonne mit der ganzen Macht seines blendenden Weiss leuchtet. Ich habe niemals etwas gesehen, was diesem Eindruck von Grösse und Massenhaftigkeit gleich käme.

Im Grunde des Thales zu unseren Füssen und uns zur Rechten sind Felsen und Bergspitzen, scharfe Grate mit steilen Flanken, durch enge in spitzem Winkel zulaufende Thäler von einander getrennt. Wir haben die seltene Gelegenheit dieses Bergland aus der Vogelperspective zu sehen, es fesselt das Auge durch Mannigfaltigkeit der Formen und Neuheit fast noch mehr als der Elbrus. Diese steilen Klippen sind fast überall mit Rasen bedeckt, stellenweise wachsen auch einzelne Büsche, Bäume giebt es nicht, so weit das Auge reicht.

Die uns gegenüberliegende Thalwand ist nackter Felsen, welcher nur durch einzelne weit hinunterreichende Schneestreifen unterbrochen wird. Zu unserer Linken verdeckt ein von unserer Felswand abgetheilter Berg, ebenfalls mit jähem Abhang zum Thal hin, die nächste Nachbarschaft; dahinter steigen aber die seltsam zackigen Spitzen des centralen Kaukasus auf, die Gipfel und Abhänge durch Schnee ebenfalls weiss schattirt, der aber nicht so glänzend als auf dem Elbrus ist, weil er für uns auf der Schattenseite der Berge liegt.

Keine Zeichnung kann die Theorie, wie die Gebirgsformen entstanden sind, deutlicher veranschaulichen, als man es von hier übersieht.

Nebenstehender Holzschnitt soll diese Theorie zu erklären helfen.

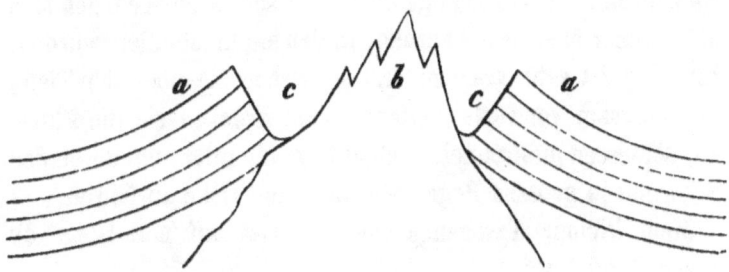

(a a) sind Schichten neptunischen Ursprungs, d. h. aus dem Wasser abgelagerte, welche ursprünglich wagerecht lagen, (b) ist ein plutonisches Gestein, d. h. ein solches, von dem viele Geologen annehmen, es sei durch Erkaltung heissflüssiger Masse in grosser Tiefe entstanden und darauf durch unterirdische Kräfte emporgedrängt worden, wobei es die neptunischen Schichten hob und sie in eine mehr oder weniger schräge Stellung brachte. Die nothwendige Folge hiervon war, dass sich ein Riss (c c) in den neptunischen Schichten bildete, welchen man den Erhebungskrater oder das Erhebungsthal nennt, aus dem schliesslich, wenn die Hebung bedeutend genug war, das plutoniche Gestein wie ein Keil zu Tage trat und das so genannte centrale Gebirge bildete. Die Höhe von Barmamud ist hier der höchste Punkt zwischen (a) und (c), vor uns liegt das Erhebungsthal (c), aus welchem das centrale Hochgebirge aufsteigt. Die stätig ansteigenden Ebenen, auf denen wir von Kislowodsk an geritten, sind die gehobenen Kalksteinschichten.

Grosse Adler kreisen um uns; das rothe Innere unserer aufgeschnittenen Arbuse scheint ihre besondere Aufmerksamkeit zu erregen. Alpendohlen mit rothen Schnäbeln und Füssen fliegen über dem Abhang. Das Schweben über grossen Tiefen scheint ihnen ein besonderes Vergnügen zu machen; sie sind mir oft nah genug, um sie zu schiessen, befinden sich aber immer über dem Abgrund, in den sie hinabfallen würden. Ihr Flug ist sehr graziös: erst schweben sie über der Tiefe, nur langsam vorwärts gleitend, dann drücken sie die Flügel an, schiessen pfeilschnell, fast jählings hinunter, um durch den Schwung in grossen Bogen wieder in die Höhe zu fahren.

Mein kleiner Taschenbarometer weist auf eine Höhe von gegen 8500 Fuss.

Mein Thermometer zeigte bei unserer Ankunft auf der Höhe von Barmamud am Morgen um 9 Uhr 11° R.; gegen 1 Uhr stieg er auf 14°. Die Sonne sticht aber wie mit Nadeln. Obgleich ich meine kleine graue Mütze ohne Schirm trage, fühle ich nur auf der linken Seite der Stirn einen kleinen Sonnenstich, die Andern aber, namentlich mein Diener Jakob, sind rosenroth und förmlich geschwollen.

Alle sind wir matt, wir versuchen zu schlafen, aber das Herzklopfen lässt uns keine Ruhe. Von Athembeschwerden habe ich nichts gespürt; wenn wir uns geistig auch ganz munter, ja sogar sehr heiter gestimmt fühlen, so bewegen wir uns doch wie Schnecken; am meisten leidet unser Führer, welcher alles, was wir ihm zu essen anbieten, ausschlägt, indem er zu fasten angiebt. Der Mensch hat wirklich bis zum Abend 9 Uhr nicht einen Tropfen Wasser zu sich genommen und da er am Morgen vor 3 Uhr wol auch nichts gegessen, hat er also volle 24 Stunden gehungert.

Der Rückritt fiel uns etwas schwer; 80 Werst scheinen nie enden zu wollen, wenn sie nach langer Pause den ersten Ritt bilden. Noch niemals sind mir die kaukasischen Kosakensättel so unbequem vorgekommen; was die Andern empfanden, könnt Ihr Euch denken.

Etwa auf dem halben Wege hatten wir bei einem Schäfer Schaschlik bestellt. Ich war der erste, welcher dort ankam. Das Schaffleisch hing bereits in Stücken an einer hohen Stange, mit einer alten Burka bedeckt, um es vor der Sonne zu schützen; dort konnten es die Hunde nicht erreichen; — wohin hätte es auch sonst gelegt werden können? Die Schäfer hatten nichts als diese Burki mit sich, um ihnen als Mantel, Bett und Haus, gelegentlich also auch als Fleischkammer zu dienen. Wieviel doch der civilisirte Mensch braucht, um seine einfachsten Lebensbedürfnisse zu befriedigen und mit wie Wenigem der Halbwilde auszukommen vermag! Ich liess das Feuer anmachen und das Fleisch an den Bratspiess stecken. Einige Weidenruthen wurden zuerst angesteckt und darauf Stücke getrockneten Schafmistes gelegt; sie brannten mit hellerer Flamme als Torf. Ich erwartete, dass das Fleisch nach Amoniak riechen würde; das war aber durchaus nicht der Fall.

Fräulein M. mit dem Führer langte bald nach mir an, aber erst einige Zeit später mein Freund M. Ich war etwas besorgt um ihn, da er schon lange nicht Gelegenheit gehabt hatte viel zu reiten. Als ich ihn endlich kommen sah, sass er ganz regungslos auf seinem Pferde und trieb es nicht einmal an; er hatte aber den besten Muth weiter zu reiten, und klagte über nichts. Hier oben im Freien zu übernachten, wäre schlechterdings auch nicht möglich gewesen, da wir nicht einmal warme Kleider mitgenommen hatten.

Nachdem wir unseren Schaschlik gegessen und uns namentlich am Kumis (gegohrener Stutenmilch), den unser Wirth aus einem Schlauch schöpfte, gelabt hatten, ruhten wir etwas auf den für uns als Teppiche ausgebreiteten Burkis.

Es hatten sich uns zwei eingeborene Reiter angeschlossen, welche von sehr Weitem zu kommen schienen, da sie und ihre Pferde recht müde aussahen. Der Schafhirt lud sie auch ein abzusteigen und bei ihm zu rasten.

Wie viel natürlichen Stolzes doch in solchen halbwilden Leuten stecken kann!—Kein streng erzogener Engländer wird es diesem jungen Kerl, welcher in graciöser Stellung vor uns lehnt, an scheinbarer Gleichgiltigkeit für Alles, was seine Reisegefährten betrifft, gleich thun. Alles an uns ist ihm neu. Meine Flinte muss in einem Lande, wo Waffen eine so grosse

Rolle spielen, von höchstem Interesse sein; ich konnte ihn aber nie darauf ertappen, dass sein Auge an ihr haftete.

Unser Wirth bittet mich, sie ihm zu zeigen; ich thue es möglichst umständlich, um etwas Intimität anzuknüpfen, aber vergebens; wir laden sie ein von unserem Schaschlik zu essen; sie entschuldigen sich. Es scheint, dass wir als Christen, welche mit ungewaschenen Händen Brot anfassen, ihnen doch zu abstossend vorkommen, als dass sie das Mahl mit uns theilen könnten.

Die Sonne ging unter, als ich Kislowodsk erreichte, und lange nach mir erst langten meine Reisegefährten an.

Unser Fuhrmann war schon sehr ungeduldig und wollte gleich fahren, aber müde und hungrig, wie wir waren, machten wir ihn bald willig bis 4 Uhr Morgens zu warten.

Es war nicht leicht am anderen Morgen so früh schon aufzustehen; aber unser Zug geht um 12, wir haben noch 65 Werst bis zum Bahnhof, und da der erste Ausflug uns so viel Schönes gezeigt, wollen wir um keinen Preis einen Tag unserer kostbaren Reisezeit der Ruhe opfern.

Eilig eine Tasse Kaffee beim Pastor Frackmann in Pjatigorsk und im Galopp nach Mineralnije-Wodi zum Bahnhof. Es war hohe Zeit.

Süsser Schlaf und das Schreiben dieses Briefes liessen mich wenig von der Gegend sehen: es war immer Steppe, nicht gar fern zu unserer Rechten der Kaukasus mit seinen schneebedeckten Gipfeln. Wo Weidengebüsch in Flussniederungen wuchs, war es, ich wollte meinen Augen nicht trauen, von Weinreben so überwuchert, dass man kaum ein anderes Blatt als Weinlaub sehen konnte. Ein Reisender bestätigte, was ich zu sehen glaubte; es sei wirklich alles wild wachsender Wein; er trage auch Trauben, aber kleine und sehr sauere. In dem

Garten gepflanzt werden diese Trauben sehr gross, oft fusslang, bleiben aber ungeniessbar sauer.

Ich muss noch einer Naturerscheinung erwähnen, welche ich früher niemals so auffallend gesehen hatte. Eines der sichersten Zeichen, um zu erkennen, welches Wetter heraufziehe, ist, die Wolken zu beobachten; schmelzen die Wolken, d. h. theilen sich Stücke ab, welche kleiner und kleiner werden, bis sie ganz verschwinden, so wird es bestimmt schön bleiben; wachsen die Wolken dagegen, d. h. werden kleine Wölkchen grösser, dunkler und vereinigen sich mit anderen, so ist Regen im Anzuge.

Als wir auf dem Wege von Kislowodsk kurz vor Pjatigorsk an dem ersten der dort in der Steppe vereinzelt stehenden fünf Berge vorüberfuhren, sah ich auch nach den Wolken, um zu beurtheilen, ob das Wetter sich halten werde. Es wehte ein recht heftiger Westwind, der aber sehr warm war, und wol aus südlicheren Breiten stammte, um hierher zu gelangen also das schwarze Meer passiren musste und sich dort mit Wasserdunst hatte sättigen können. Ueber der ebenen Steppe war der Himmel vollkommen wolkenfrei, dort aber, wo der Berg, an dem unser Weg eben vorüberführte, den Wind zwang, plötzlich in bedeutende Höhe hinaufzusteigen, bildeten sich erstaunlich rasch Wolken. In Zeit von 2 bis 3 Minuten wurde der ganze Gipfel des Berges in eine Wolke gehüllt, welche an ihm zu hängen schien; beobachtete man sie aber genau, so konnte man sehen, dass sie beständig weiter zog und zwar sehr schnell, während fast eben so schnell auf der Windseite (Lufseite) des Berges sich Nebelmassen bildeten, und auf der entgegengesetzten Seite (Leeseite) wieder auflösten.

Lange Streifen der Wolke theilten sich ab, strichen die Bergwand abwärts und verschwanden, so wie sie eine gewisse

Tiefe erreicht hatten. Nach einigen Minuten riss sich die ganze Wolkenmasse vom Berge los; das schien namentlich zu geschehen, wenn ein starker Windstoss von unten her die ganze Nebelmasse hob. Einen Augenblick schwebte sie vorwärts, senkte sich aber dann auf der unterhalb des Windes liegenden Seite des Berges und löste sich in kaum mehr als einer Minute vollständig auf, so dass der Himmel über der ebenen Steppe immer heiter blieb. Während wir am Berge vorüberfuhren, also in einem Zeitraum von etwa 15 Minuten, sah ich gegen sechsmal den Gipfel des Berges sich in eine Wolke hüllen und wieder frei werden.

Ich habe schon bei meiner Ankunft in Mineralnije Wodi die Bemerkung gemacht, dass, weil die 5 Berge von Pjatigorsk bewaldet sind, während in der Steppe nicht ein Strauch wachsen kann, solches durch die an den Bergen lagernden Nebelwolken veranlasst sein müsse.

Darwin in seiner Reise um die Welt sagt, er habe ausgedehnte Wälder überall dort gefunden, wo feuchtwarme Winde auf dem Festlande gehoben würden und Wolkenbildung veranlasst werde.

Man hört oft die Behauptung, Wälder hätten auf die Regenmenge einer Gegend bedeutenden Einfluss. Dass Waldregionen und atmosphärischer Niederschlag in engster Beziehung zu einander stehen, ist allerdings richtig, nur ist das feuchte Klima die Ursache und der Wald die Folge davon, nicht umgekehrt.

Hier an diesen Bergen von Pjatigorsk giebt es, wie ich eben zu beobachten Gelegenheit gehabt, mehr atmosphärischen Niederschlag als in der Steppe und auch mehr Baumwuchs; dennoch wird wol Niemand behaupten wollen, dass die Bäume die Veranlassung zur Wolkenbildung seien. Ich will dem

Walde nicht allen Einfluss auf das Klima absprechen; aber es ist ein Tropfen im Vergleich zu den Meeren von Wasser, welche durch warme Winde in den heissen Zonen in die Luft gehoben und in andere Breiten getragen werden, um dort, wo diese Luftschichten abgekühlt werden, als Regen niederzufallen. Die Beobachtung, dass in der Ebene von Russland Regenmenge und Baumwuchs abgenommen, ist gewiss begründet.

Ich will noch mehr sagen, das Sinken des Kaspischen Meeres scheint mir durch eine Abnahme der Regenmenge im District der Flussgebiete dieses Meeres, veranlasst zu sein. Eine vulkanische Senkung anzunehmen, sehe ich keinen Grund, obgleich ich nicht in Abrede stellen will, dass eine solche stattgehabt haben könnte. Angenommen also, eine Senkung habe in jüngster Zeit stattgefunden, so wäre das doch noch keineswegs eine Erklärung für das Schwinden des Wasserspiegels im Kaspischen Meere.

Dieses Meer bedeckte die Steppen bis Zarizin; wo ist die ungeheure Wassermenge dieses grossen Meeres geblieben? Das Bassin des jetzigen Meeres vermag sie nimmer zu bergen, auch wenn es noch so tief wäre; und das Kaspische Meer hat nur an einigen Punkten eine Tiefe von 300 Faden, während der grösste Theil der Nordhälfte nicht mehr als 10 Faden Wasser hat. Ferner müssen wir berücksichtigen, dass die meisten Flüsse, welche sich in das Kaspische Meer ergiessen, sehr viel Erde mitbringen. Wir können uns ein ungefähres Bild von der ungeheueren Masse von Erde, welche bereits in dieses Meer hinabgetragen worden, machen, wenn wir bedenken, wie viel höher das rechte Ufer der Wolga allein ist als das linke. Nach der Erklärung des Dr. K. E. v. Baer, welche ich in meinem zweiten Brief besprochen habe, hat dieser Fluss auf

seinem linken Ufer, nur flache Sandbänke zurücklassend, das
übrige Erdreich bis in's Meer getragen; und wie viel Erde ist
dem Wolgawasser noch aus allen Schluchten,—Owragi,—der
Steppe zugetragen worden. Dieses Quantum Erde hat im Kaspischen Meer doch jedenfalls ein gleiches Quantum Wasser
deplacirt. Wo ist dieses Wasser geblieben? Nehmen mir dagegen an, dass die Winde, welche früher über ein Saharameer
strichen, den Flussgebieten des Kaspischen Meeres damals
mehr Regen brachten, während sie jetzt diesem Meer Wasser
entziehen, so könnten wir der richtigen Erklärung weit näher
auf der Spur sein. Nach Maury's Theorie der Luftcirculation auf unserem Erdball wäre es gerade dieser Südwestwind,
von dem die Ebene Russlands ihren Regen zu erwarten hätte.
Dieselbe Ursache, d. h. mehr Wasser auf der Nordhalbkugel,
oder doch wenigstens auf dem Wege der warmen Südwestwinde, dürfte auch eine der Ursachen für die in der sogenannten glacialen Periode so sehr viel grösseren Gletscher Europas
gewesen sein, während von Vielen eine geringere Temperatur
der Erdkugel oder geringere Wärmestrahlung der Sonne als Ursache zur Entstehung der grossen Gletscher angenommen wird.
Dagegen bemerkt Tyndall sehr treffend, dass wenn auch ein
gewisser Grad von Kälte erforderlich sei, um die Wasserdämpfe zu condensiren und zu Schnee umzubilden, wir nicht
vergessen dürfen, dass um so bedeutende Wassermassen in
Dampf zu verwandeln, damit sie die Berggipfel überhaupt erreichen können, eine ganz ungeheuere Menge von Wärme erforderlich sei. Um uns ein Bild von dieser Wärmemenge zu geben,
führt er an, dass wenn wir an Stelle der ungeheueren alten
Gletscher uns eine fünfmal grössere Masse Gusseisen denken
wollten, dasselbe Wärmequantum, welches erforderlich war,
um das Wasser für die alten Gletscher in Dampf zu ver-

wandeln, genügt hätte, um das fünfmal grössere Quantum Gusseisen bis zum Schmelzpunkt zu erhitzen. (Näheres darüber in Tyndalls Werk: die Wärme als Art der Bewegung 1875).

Doch ich bin etwas weit von meinem Reisebericht abgekommen. Hier beim Fahren in der Steppe hat man Zeit.

Wir nähern uns Wladikawkas.

Brief VI.

Aul Galantschosb. (Галанчожъ) den $\frac{26}{VIII}$.

Am $\frac{24}{VIII}$ 7 Uhr Abends langten wir in Wladikawkas an.
Lebe wohl, Eisenbahn! trotz häufiger heisser Achsen hast du treu gedient; — ich werde ein andermal nachrechnen, wie viel Werst.

Sehr gute Fuhrmannsdroschken, reine Strassen mit gutem Mackadam, saubere Häuser machen in Wladikawkas auf den Ankommenden einen höchst vortheilhaften Eindruck. Eine breite Allee in der Mitte der Hauptstrasse ist voller Spaziergänger, welche die frische Abendluft geniessen.

Im Hôtel angelangt schickte ich gleich meine Karte mit dem Empfehlungsbrief zum General S. mit der Frage, wann ich ihm meine Aufwartung machen dürfe.

Die Antwort, welche der Bote brachte, war unverständlich; jedenfalls redete er davon, dass, wenn ich es wünsche, der General gleich zu mir kommen werde, denn morgen verreise er.

Ich fuhr also gleich zu ihm und fand die Generalin allein; der General war bereits zu mir gefahren. Ich bestellte alle Grüsse; inzwischen kam der General zurück. Er reist morgen auf zehn Tage in die Berge und schlägt mir vor ihn zu begleiten; es geht in Gegenden die von Reisenden noch niemals besucht worden sind.

«Ungemein gerne; — aber kann mein Reisegefährte der Bar. M. auch mit?»

«Ja, wenn er die Strapazen nicht fürchtet».

Wir fahren zusammen in's Hôtel, um es zu besprechen.

M.... ist ausgegangen. Nach langem Fragen erfahre ich, dass

er nach einer Badstube gefragt habe; am Ende der Stadt finde ich ihn endlich in der Wanne.

Kurz, die Liebenswürdigkeit des Generals wurde stark in Anspruch genommen, bis es abgemacht war, dass wir den andern Morgen um 8 Uhr zusammen aufbrechen würden.

Das Packen nahm etwas Zeit. Alles, was man ansieht, glaubt man brauchen zu können, und doch soll nur wenig mitgenommen werden.

Um 7 Uhr sind wir beim Generalen S. und um 8 Uhr fahren wir aus.

In einer mit vier Pferden bespannten Kalesche sitzen der General S., der Vicegouverneur T., mein Reisekamerad M. und ich: zwei Kosaken voran, einer hinten, ein Officier zur Rechten des Wagens; — dann folgen noch einige Troiken mit Officieren und dem Redacteur der Wladikawkaser Zeitung.

Wir fahren ohne Weg in der Steppe, durch die Kambileika; (Камбилейка) deren Strömung so heftig ist, dass die vier Pferde, denen das Wasser bis über die Brust reicht, Mühe haben den Wagen vorwärts zu bringen, dann noch durch mehrere kleine Bäche, den Bergen zu.

Die Kräuter wuchern hier in der Steppe mit besonderer Ueppigkeit, oft 12 und 15 Fuss hoch: Nesseln, Disteln und verschiedene dornige Kräuter, Schilf, riesige Rosenbüsche etc.

An diesen Pflanzen ranken weissblühende Winden, Hopfen und Brombeerstauden, Alles eine zusammenhängende Masse bildend.

Wir kommen in ein Kosakendorf:—alte Kosaken in Tscherkeski und Papachi stehen in Fronte;—vor ihnen ein Tischchen mit Salz und Brot in der Gestalt von Wein, Schnaps, einem gebratenen Huhne und einem grossen Weizenbrot.

Der General schmeckt vom Brot, trinkt auf das Wohl der

Leute und spricht sehr freundlich mit ihnen; die Leute scheinen sich sehr geehrt zu fühlen.

Mir fällt die geringe Zahl der anwesenden Kosaken auf;— die andern sind alle im Kriege.

Der gleiche Empfang wiederholt sich bei einem zweiten Dorfe am Eingange in's Gebirge. Dieses Dorf ist vor 20 Jahren erobert worden. Von der ursprünglichen Bevölkerung scheint nicht viel übrig geblieben zu sein, man sieht jetzt nur Kosaken. Wir besteigen Alle kleine Kosakenpferde, unsere Escorte ist gegen 100 Mann stark, immer Linienkosaken. Wir folgen einem Flüsschen; die Berge bedecken sich mehr und mehr mit Bäumen, wir sind bald in einem dichten Walde: Rothbuchen, Weissbuchen, Eichen, Ahorn verschiedener Arten, nur selten unser Acer platanoides, Eschen, Espen, Nussstrauch, Weiden, Berberitzen etc. etc. Das starke Holz ist meist herausgehauen, aber der Nachwuchs wuchert auf's üppigste. An der uns gegenüberliegenden steilen Thalwand, wo man nicht so leicht ankommt, sieht man noch viele herrliche Baumstämme.

Die Blicke zurück in die Ebene und hinauf in die Berge sind sehr schön;—namentlich erquickt einen die frische Farbe des Laubes. Die Grösse und Ueppigkeit der Blätter giebt dem Ganzen einen etwas tropischen Anstrich. Eine Art Huflattig hat Blätter von mehr als 1 Meter Durchmesser; ein anderes Kraut mit Blättern wie Meerrettig wird stellenweise so gross, dass es an Bananen erinnert.

Nachdem wir während mehr als 2 Stunden immer steil bergan geritten sind, erreichen wir endlich die Passhöhe: ein Felsenkamm von kaum 20 Schritt Breite, 3000 Fuss hoch, nach meinem Taschenbarometer. Der Blick nach jenseits, auf endlos zerklüftete Berge, dicht mit Wald bewachsen, ist ganz bezaubernd. Aus der Vogelperspective gesehen, machen die aufquellenden Gipfel der Bäume einen ganz besonders üppigen Eindruck. Auch zurück hat man, von den grünen Thalwänden wie ein Bild eingerahmt, eine hübsche Fernsicht in die Ebene. Unter einem Laubdach, das mit Hopfenguirlanden künstlich geschmückt ist, erwartet uns hier ein glänzendes Frühstück, welches der Regimentscommandeur der Kosaken dem General offeriert: Kaviar, Sardinen und dergleichen mehr, Forellen, Huhn, Schaffleisch, Aepfel, Weintrauben, dazu verschiedene Schnäpse, weisser und rother Kachetinerwein, Champagner.... Die Tafelmusik singen Kosaken. Einer tanzt dazu. Als Castagnetten gebraucht er zwei Dolche, deren Klingen er vor und hinter sich an einander schlägt. Wozu der Dolch dem Kaukasier nicht alles zu dienen vermag!

Der Weg hinunter ist, wie derjenige hinauf es auch war, im Zickzack und zwar sehr steil. Diese Wege sind vor etwa 20 Jahren, als die Gegend erobert wurde, angelegt worden und so breit, dass 2 Reiter neben einander Platz haben. Für Kosakenpferde ist er recht gut passirbar, für andere Pferde aber doch recht gefährlich. Alle unsere Pferde sind, trotz der spitzen Steine, auf denen sie gehen müssen, unbeschlagen.

Der Wald scheint zur Zeit der Eroberung des Landes hier abgehauen worden zu sein, man sieht noch einzelne verkohlte Stubben von ganz erstaunlichen Dimensionen. Einige Stellen werden jetzt als Wiesen benutzt, das Meiste bedeckt sich aber bereits wieder mit Baumwuchs.

Wir kommen in ein schmales Thal, passiren einige kleine Dörfer, die alle mit Wällen und Gräben umgeben sind. Immer wieder Salz und Brot, aber in schlichterer Form; eine kleine Flasche gelblichen Brantweins, kein Wein mehr; anstatt Brot, Maiskuchen und frischer Honig; kein gebratenes Huhn mehr. Hier sieht man das Blut der alten Bergbewohner schon reiner erhalten. Es sind Inguren, (Ингуши) ein den Tschetschenzen (Чеченцы) verwandter Stamm. Kleine Leute, hager und mager; wovon sollten sie hier auch fett werden? Ja, wenn Kurgäste ihre Molken trinken würden; aber dazu fehlt noch Vieles.

Ein alter Kerl hat eine Narbe senkrecht auf der Stirn, von der Nase bis in's Haar hinein; sie ist noch jetzt so tief, dass man den Finger hineinlegen kann; der Schädel muss vollkommen gespalten gewesen sein. Wie viel Chancen ihr Leben zu verlieren, haben diese alten Leute nicht alle durchgemacht und wie verschieden muss ihr Begriff über Recht und Eigenthum von dem unsrigen sein, nachdem ihre Häuser jedesmal gebrannt, wenn der Feind durch das Thal zog und das wechselnde Kriegsglück bald die Russen, bald ihre halbwilden Nachbarn aus den Bergen zu Herren des Landes machte.

Noch eine gute Stunde reiten wir im Thal und gelangen an seinem äussersten Ende zur kleinen Festung Alkun (Алькунъ). Steinwälle, zwei Ausbaue an den entgegengesetzten Ecken zum Beschiessen der Wallfronte, ein hölzerner Wachtthurm. Seit 2 Jahren ist alles wieder in besten Stand gesetzt. Funfzig Mann Infanterie bilden die Garnison. Der General inspicirt Alles, schmeckt von der sehr guten Bouillonsuppe der Leute; dann kommt unser Mitagsessen, im Genre des Frühstücks, endlos, Alles vortrefflich bereitet, von Leuten in langen Tscherkeski reinlich und gut servirt.

Wir steigen wieder zu Pferde, und reiten weiter, steil die Berge hinan. Die Festung könnte von oben mit Kanonen arg zerschossen werden, sie ist aber auch nicht bestimmt, gegen solche Angriffe sich zu halten. Bei Aufständen ist dieser längs dem Thal verhältnissmässig leicht zu erreichende Punkt aber gewiss eine werthvolle Stütze und guter Ausgangspunkt für weitere Expeditionen. Unser Weg wird steiler und enger, oft kann nur ein Pferd zur Zeit passiren. Es fängt an zu regnen, bald strömt es ganz gehörig; der Steg wird so schlüpfrig, dass die Pferde in allen Richtungen ausgleiten. Das wuchernde Kraut verdeckt einem oft den Rand des Abgrunds; mein Pferd tritt zweimal mit dem Hinterfuss hinüber, die drei anderen Beine genügen ihm aber vollkommen, um das Gleichgewicht zu erhalten.

Wir passiren kleine Bäche mit grossen Steinblöcken im Grunde, über welche die Pferde stolpern. Das Schlimmste sind aber die Quellen; der lehmige Boden weicht unergründlich tief auf und nachdem unsere zahlreiche Avantgarde durchgeritten ist, sinken unsere Pferde bis an die Brust ein. Noch über ein Flüsschen setzen wir auf einer Brücke aus Stangen und Strauchwerck, wol nur für uns gemacht, sie schwankt aber gewaltig, wie ein Schaukelbrett, dann kommt wieder ein Dörfchen (Aul). Die Einwohner stehen zum Empfang in Fronte, bringen aber kein Salz und Brot mehr. Es regnet in Strömen, wir gehen in eine der ganz merkwürdig reinlichen Hütten. Diele und Wände sind frisch getüncht, das flache Dach ist mit Lehm verschmiert, kein Fenster, ein kleiner Kamin, Filzstücke als Teppiche und Kissen darauf. Eine kleine Holzbank ist das einzige Möbel, welches sich über den Boden erhebt.

Jetzt soll der Weg sehr schlecht werden; ein alter und ein junger Ingusch reiten unmittelbar vor dem General. Sie und ihre Pferde sind für mich eine wahre Augenweide; diese Leute sitzen noch ganz anders im Sattel, wie die Kosaken.

Der Alte hat feine intelligente Züge mit einem tiefliegenden, aber strahlenden Auge und einer sehr feinen kleinen Adlernase. Er kehrt sich beständig zurück, um zu sehen, ob der General auch richtig reite. Wie er ihm die Stellen aussucht, wo er beim Zickzackreiten kehren muss; und wie gleichgültig es ihm dabei ist, wohin sein eigenes Pferd hintritt! Er soll eine sehr einflussreiche und angesehene Persönlichkeit sein, stand aber eben in Verdacht, einen Mord verübt zu haben. Sein Sohn war auf der Viehweide erschlagen und jetzt war der muthmassliche Mörder desselben erdolcht worden. Der Verdacht lag auf ihm, ohne dass jedoch solches seinem Ansehen den geringsten Abbruch gethan hätte. Der junge Kerl, welcher neben ihm reitet, hat noch keine Runzel im Gesicht; wenn er sich umsieht, sticht der grosse weisse Augapfel grell gegen seine glänzende braune Haut ab, wie bei einem Neger. Das ungezähmt Wilde, verbunden mit viel natürlichem Adel, finden in ihm ihren vollsten Ausdruck.

Ihre Pferdchen sind klein, aber kräftig und von den Kabardiner Kosakenpferden durchaus verschieden. Ihre Muskeln sind sehr trocken, jede einzeln hoch gewölbt. Wir reiten auf Stegen, die vom Vieh an den Berghängen eingetrampelt worden; stellenweise sind die Spuren eines vor 20 Jahren angelegten Reitweges noch erkennbar. Man hat für uns die Nusssträucher, welche so dicht wuchern, dass man kaum zu Fuss hätte durchkommen können, ausgehauen. Da das Vieh und unsere Pferde, immer in dieselben Fussstapfen traten, so haben sich auf dem Stege tiefe Löcher gebildet; Alles ist voller Wasser; setzt das Pferd den Fuss richtig in die Mitte, so schadet es noch wenig, wenn es bis zur Brust versinkt; tritt es aber oben nebenbei auf und glitscht dann plötzlich hinein, so kommen Bewegungen zu Stande, welche besonders unangenehm sind, wenn man unter dem Steigbügel einen steilen Abhang sieht, auf dem weder Pferd noch Reiter, wenn sie einmal rollen, stehen bleiben können.

Ich scheine für mein Pferd zu schwer zu sein, die Flinte auf meinen Rücken wiegt auch noch 9 Pfund; mit der Nase an der Erde bleibt es stehen, um etwas zu Athem zu kommen; an einer sehr steilen und schlüpfrigen Wand, die man gerade hinauf musste, fiel es auf die Kniee. Vielen Kosaken geht es nicht besser; einige müssen sogar stehen bleiben und die Sattelgurten losschnallen, um ihre Pferde etwas Athem schöpfen zu lassen. Dabei regnet es unaufhörlich, Wolken verhüllen und decken dann wieder theilweise unzählige Schluchten und scharfe Grate auf. Solche Gegenden habe ich noch niemals gesehen; wir sind so hoch, dass der Baumwuchs aufhört. Wieder ein kleiner Aul, Meridji (Мериджи). Die jetzigen Wohnungen sind Häuschen von etwa 1¼ Faden Breite, 3 Faden Länge und 8 Fuss Höhe, mit flachen Dächern, was sie noch winziger erscheinen lässt. Früher gab es hier auch grosse befestigte Wohnungen; jede war eine Art Thurm, 4 bis 5 Faden im Quadrat, nach oben sich stark verjüngend, 4 Stockwerk hoch, in dem unten das Vieh stand und oben die Leute wohnten.

Sie bildeten förmlich kleine Festungen, welche hier, wo man mit Kanonen nicht leicht hinkommt, den russischen Truppen gewiss sehr unbequem gewesen sein müssen. Etwa eine Werst von da auf einem kleinen Platz, wo 3 Leinewandzelte aufgeschlagen stehen, und über 100 Mann Convoi uns erwarten, machen wir Halt. Mein Barometer zeigt 5000 Fuss Höhe. Der ganze Platz war bereits in tiefen Koth verwandelt, der nur mit Wasserpfützen abwechselte. Der General lud mich ein, in seinem Zelt mit ihm zu schlafen; ich trete hinein, versinke aber bis über die Knöchel im Lehm. Man hatte nach herkömmlichem Brauch das Gras mit einer Schaufel abgestochen. Ein Teppich in der Mitte des Zeltes war auch schon in den Grund getreten. Niemals habe ich mich mit so wenig

Lars.

Chaussee Wladikawkas-Tiflis.

Aussicht auf Gemüthlichkeit zur Nachtruhe vorbereitet. Die Füsse nass, die Kniee nass, im Nacken war auch schon etwas, die Mütze wie ein Schwamm. Nun kommt das Gepäck an, was nicht in Gummi eingeschlagen war,—alles nass. Die grosse Gummidecke, die ich in Petersburg gekauft hatte, war ein wahrer Segen; indem ich sie auf die Erde breitete, schaffte ich wenigstens einen trockenen Platz, wo ich unsere 2 Säcke hinstellen konnte, als sie vom Sattel abgebunden wurden; meine Flinte musste ich schon im Zelt auf die nasse Erde legen. Aber es kam schliesslich doch besser heraus, als die erste Aussicht voraussetzen liess. Das Zelt war doppelt und liess keinen Regen durch, ein kleiner Graben hinderte, dass Wasser von der Seite hineindrang, und in meinen grossen Mantel aus Sanguszkoschem Kapuzinertuch gewickelt, schlief ich sehr süss, ohne aufzuwachen, die ganze Nacht.

Auch der General schien gut geschlafen zu haben; die andern Herren, welche in einem einfachen Leinzelt übernachtet hatten, waren aber alle etwas kleinlaut, so lange der Schlaf noch in den Augen und der Frost noch in den Gliedern war.

Um 6 Uhr waren nur $5\frac{1}{2}^{0}$ R. Die Officiere, welche uns mit dem neuen Convoi entgegengekommen waren, sprachen davon, dass der Weg noch sehr viel schlechter sei, als bisher, sogar sehr gefährlich; an steilen Abgründen entlang seien nur sehr schmale Stege, ein Kosak sei hinabgestürzt, der Mensch habe sich retten können, das Pferd sei aber hinuntergerollt und umgekommen.

Man rieth uns umzukehren.

Der General war anfangs unschlüssig, er sagte mir, er fühle dass auf seiner Entscheidung die Verantwortung für das Leben jedes der Reisegefährten laste. Es wurde grosser Rath gehalten. Ich sagte, dass ich den Weg nicht kenne und daher gar nicht beurtheilen könne, ob der Ritt möglich sei; grundsätzlich sei ich immer geneigter für «vorwärts».

Mittlerweile war die Sonne aufgegangen und ihre Wärme, so wie einige Gläser Thee brachten allgemein bessere Stimmung und besseren Muth. Die Beleuchtung der in der Nacht weiss beschneiten Abhänge um uns her, war herrlich, obgleich ohne Farbenspiel. Die ersten 12 Werst sollten guter Weg sein, dann aber 5 Werst schlechter Weg folgen. Man beschloss noch etwas zu warten, damit Wind und Sonnenschein den Weg abtrocknen könnten, dann die ersten 12 Werst jedenfalls zurückzulegen und, wenn erforderlich, dort zu übernachten.

«Dass wir so viel Convoi mit uns führen, — 200 Mann, — scheint mir, trotz der im vorigen Jahr stattgehabten Unruhen, doch unnütz», sagte mir gelegentlich M...

«Ich habe auch so gedacht, aber dass der General allein herkommen solle, um hier oben im Regen die Nacht zu schlafen, wäre noch weit nutzloser; der ganze Zweck seiner Reise scheint nur der zu sein, zu constatiren, dass der Kaiser von Russland hier Herrscher sei; sonst kommen diese Eingeborenen wol kaum dazu, darüber nachzudenken, und um die Macht Russlands *ad oculos* zu demonstriren, muss sehr viel Convoi mitreiten.

Da kommt ein kleiner Junge in's Lager gelaufen, er mag 6 Jahre alt sein. Solch ein Kind habe ich noch nicht gesehen, der hat Leben in sich! — nicht einen Moment steht er still, immer ist sein aufmerksames Auge auf etwas Neues gerichtet».

«Sieht Dir der Jung nicht aus, fragte ich M..., als könne viel Regen und Kälte an ihn heran, ohne ihm etwas anzuhaben, man möchte fast fragen: was kann solch einen Jungen todtmachen»?

Um 10 Uhr erst brechen wir auf; die Abwechselung der Schluchten und Berge war sehr mannigfach; auch nackte Felsen waren häufig, Baumwuchs selten und nur in Thälern. Ruinen alter viereckiger Thürme waren sehr zahlreich, entweder in Engpässen oder auf vorspringenden Bergrücken am äussersten Ende des Grats angelegt, um nur von einer Seite erreichbar zu sein. Um sie her, wo früher Dörfer gestanden haben, ist die Vegetation besonders üppig. Scabiosa Arten und andere Kräuter, die ich nicht zu nennen weiss, sind oft so hoch, dass sie den Kopf des Reiters überragen, und so dicht, dass es schwer halten würde, durchzureiten. Wir wunderten uns, dass man nirgends gemähtes Gras sah; man sagte uns aber, dass die Heuzeit hier erst mit dem September beginne und Cavallerieofficiere bestätigten die Behauptung, dass das Heu deshalb durchaus nicht hart werde.

Unser Weg führte meist in halber Höhe steiler Rasenabhänge und war, wo er nicht durch Quellen sumpfig wurde, recht gut; mitunter gab es auch steile Schluchten hinunter und hinauf zu klettern. Eine Stelle war aber doch so sumpfig, dass das Pferd des Generalen stecken blieb; es machte einen Sprung zur Seite und während das linke Hinterbein noch fast bis zum Schwanz im Wege versank, hing das rechte frei über dem Abhang; es fand aber nach einigem Suchen doch einen Stützpunkt für diesen Fuss an dem steilen Hang und kam wieder zurecht.

Wir gelangten jetzt in ein 6200 Fuss hoch gelegenes Thal, wo die alten Steinthürme sehr zahlreich waren und namentlich die Zugänge zum Thal sorgfältig schlossen. Dieses Thal ist wol kaum aus freier Wahl von den ersten Bewohnern desselben zur Wohnstätte auserwählt worden, sondern Krieg und Verfolgung werden sie immer höher und höher hinauf bis in diesen unerreichbaren und unwirthlichen Winkel gedrängt haben. Der Aul heisst Jalkaroy (Ялкарой). Die Männer stehen in Fronte vor dem Dorfe. Ein alter Kerl mit rothgefärbtem Bart, auf einem vortrefflichen weissen Pferdchen, ist der Aelteste des Dorfes. Mit Hülfe eines anderen Uebersetzers, denn dieses sind Tschetschenzen (Чеченцы), hält der General wieder eine Rede: es sei eine besondere Gnade des Kaisers, dass er, der Natschalnik, in den Aul komme, er komme nur um zu strafen oder zu belohnen... Darauf bekommt der Aelteste eine grosse Medaille am Georgenbande um den Hals mit dem Portrait des Kaisers; auf der Rückseite steht «за храбрость». Er soll viel dazu beigetragen haben, dass dieser Aul ruhig geblieben, obgleich viele Emissäre dort versucht hätten, die Leute zu einem Aufstande zu veranlassen. In einiger Entfernung hinter dem Dorf steht, ebenfalls zu unserem Empfang, ein Trupp Frauen; sie scheuen sich offenbar, zu uns heranzukommen; wir gehen zu ihnen, die Meisten ziehen das Kopftuch über Mund und Nase. Eine alte Frau mit markirten Zügen tritt vor und spricht zum Generalen; es war die Frau des Aeltesten. Der General antwortet durch den Uebersetzer; darauf bekommt sie einige Goldstücke; auch mehrere andere Weiber werden beschenkt. Diese Massregel ist gewiss wirksamer, um Frieden zu erhalten, als wenn ein halbes Dutzend übeldenkender oder aufständischer Kerle mitten im Dorf gehenkt worden wären.

«Zahlen diese Leute auch Abgaben?» fragte ich den Uebersetzer.»

«Ja, hier in den Bergen einen Rubel jährlich für jeden Rauchfang, in den fruchtbaren Thälern 3 Rubel.»

«Aber wie hält man es mit der Recrutirung?»

«Bis jetzt sind sie zum Militärdinst noch garnicht verpflichtet worden, als Freiwillige aber dienen die jungen Leute wol mitunter.»

Als seltene Ausnahme unter den Völkern des Kaukasus soll es bei den Tschetschenzen niemals einen Adel gegeben haben, d. h. keine sogenannten Fürsten. Die Familie scheint, so viel ich erfahren konnte, den wesentlichsten Verband der socialen Organisation zu bilden; aber nicht nur der Vater und seine Kinder, sondern das ganze Dorf, der Aul, bildet die Familie. Es giebt im Ganzen gegen 80 solcher Familien.

Jetzt soll der schlechte Weg kommen. Nach kurzer Berathung mit den Dorfeinwohnern wird beschlossen, gleich weiter zu reiten. Wir folgen dem Lauf eines Flusses stromabwärts und gelangen am Ende des Thals an einen fast jähen Abgrund; der Fluss verschwindet zwischen Felsen zu unserer Linken; vor uns ist eine enge durch senkrechte Felsen eingeschlossene Schlucht, da sollen wir hinunter.

Der Steg, obgleich im Zickzack, ist unendlich steil; nur sehr langsam und widerstrebend gehen die Pferde vorwärts. Ich steige ab und gewinne dadurch Zeit, einige der auf beiden Thalseiten sehr zahlreichen Höhlen zu besehen. Der Fluss hat offenbar ihrer viele gegraben, doch scheinen andere von Menschenhand im weichen Kalkfelsen ausgehauen, oder doch wohnlich gemacht worden zu sein; die meisten haben einen Eingang nur eben gross genug, dass ein Mensch kriechend hinein kann, erweitern sich aber darauf zu 10 bis 15 Fuss im Quadrat bei 7 bis 9 Fuss Höhe. Eine derselben hatte sogar eine seitlich durchgebrochene Fensteröffnung. Offenbar haben die Bewohner des Thals hier gelebt, wozu sie bis in die jüngste Zeit oft Veranlassung gehabt haben mögen, wenn ihre Häuser zerstört worden waren. Der Engpass in dem wir uns befinden, war wol auch von der Ebene her, das Flüsschen hinauf, der Haupteingang zu ihrem Thal, welcher immer bewacht und vertheidigt werden musste. Wir steigen jetzt ohne Absatz gegen 1000 Fuss steil hinab. Da, als wir um einen Felsenvorsprung biegen, sehen wir den Bach, dem wir anfangs gefolgt waren, sich in einem prachtvollen Wasserfall, an uns vorüber, in die Schlucht ergiessen. Sehr schmal ist oft unser Steg, die Felswand auf der einen, der Abgrund mit dem schäumenden Bach auf der andern Seite. Weil der Boden aber nicht lehmig und schlüpfrig, sondern grandig ist, ist die Gefahr gar nicht so gross wie wir sie uns vorgestellt.

An einer Stelle, wo ein Felsenvorsprung das Thal ganz bis an den Fluss verschliesst, steht wieder die Ruine eines viereckigen Thurm's. Das muss ein Schlüsselpunkt für das ganze Thal gewesen sein. Noch einige 100 Schritt reiten wir an der Felswand und das Thal hört ganz auf, nur der Fluss fliesst noch in einer Spalte. Wir reiten in den Fluss selbst hinein, die Pferde bis zum halben Körper im schäumenden Wasser, langsam mit dem Fuss nach einem festen Punkt auf den Felsblöcken im Grunde sondirend. Da ist aber ein Wasserfall von etwa 4 Fuss Höhe, wie werden wir da hinunterkommen? Unser Führer kennt eine Stelle, wo der Abhang in halber Höhe eine Stufe hat, auf der die Pferde gerade eben mit allen 4 Hufen neben einander Platz finden können und dann vollends hinunterspringen. Den Himmel sieht man nur unmittelbar über sich; die Wand zu unserer Linken, gegen 2000 Fuss hoch, mit mächtigen vorspringenden Schichten, welche über uns hängen, macht einen seltenen Eindruck von erdrückender Massenhaftigkeit, der uns selbst wie winzige Ameisen erscheinen lässt, denen so mancher kleine Riss der Erdrinde schon unübersteigbar wird. Beschreiben lässt sich so etwas nicht, man muss es sehen, um diesen Eindruck zu empfinden. Die Bergwand zu unserer Rechten ist mit üppiggrünen Büschen, Moos und allerhand Kräutern bedeckt. Der Contrast gegen die nackten Felsen des linken Ufers macht aus dem Ganzen ein selten schönes Bild.

Beim Ausgang aus der Schlucht in ein sich etwas erweiterndes Thal, d. h. wo wieder betretbare Ufer neben dem Fluss waren, stand, wie ein Schwalbennest hoch am senkrechten Felsen angeklebt, wieder die Ruine eines viereckigen Thurmes.

«Arme Leute! denkt man unwillkürlich; wie gejagtes «Wild haben sie zu ihren Wohnstätten die unerreichbarsten «Winkel aufgesucht, alle Lebensbedürfnisse hintansetzend, «um kaum mehr als das nackte Leben zu erhalten; und doch «hat man sie auch hier aufgesucht und ihre kleinen Festen «sind jetzt alle Ruinen».

Sie waren aber nicht anders zu zähmen. Seit Jahrhunderten von Raub, in vollkommener Unabhängigkeit lebend, musste, um dem ein Ende zu machen, alle Möglichkeit eines Widerstandes vernichtet werden. Die Civilisation fordert unvermeidlich ihre Opfer; was sich ihr nicht anzupassen vermag, muss untergehen. Was nachgeblieben ist,—denn das Land ist offenbar früher viel stärker bevölkert gewesen,—das prosperirt jetzt schon vortrefflich und wird sich jedenfalls im Frieden, unter civilisirter Herrschaft, besser befinden, als bisher im ewigen Kriege gegen Jedermann und von Jedermann bekriegt. Nur der angeborene Sinn für Freiheit und Unabhängigkeit, gepaart mit religiösem Fanatismus, lässt noch hier und da den alten Nationalhass auflodern. Dass aber nicht der ganze Kaukasus beim letzten Kriege in allgemeiner Revolution aufgestanden, ist der beste Beweis dafür, dass das Volk sich unter russischem Scepter wohler fühlt, als unter den früheren einheimischen Herrschern. Namentlich soll Schamil bei dem verzweifelten Widerstande, den er mit abwechselndem Glück der russischen Eroberung entgegensetzte, nur seine eigene Macht als Hauptziel im Auge, Eigenthum und Leben der Leute auf das Schonungsloseste genutzt und seine Autorität nur durch die schrecklichste Grausamkeit aufrecht erhalten haben.

Aul Galantschosh.

Brief VII.

Festung Ewdokimowskaja (Евдокимовская) den $\frac{28}{VIII}$.

Schon um 2 Uhr Mittags erreichten wir den Aul Galantschosh (Галанчожъ), in dem übernachtet werden sollte; daher habe ich den letzten Brief beendigen können. Ich hatte schon unterwegs mehrmals auf der Erde sitzend geschrieben, während der General bei den verschiedenen Dörfern dem Volke Reden hielt, doch kommt man mit solchen kurzen Augenblicken nicht aus, Alles, was wir sehen, niederzuschreiben.

Mein Freund M. benutzt die Zeit, die Ruinen zweier Steinthürme und das Haus, in dem wir nächtigen werden, zu zeichnen.

Ein sehr reinliches, frisch getünchtes Zimmerchen war unser Nachtquartier; es hatte ein kleines Fenster, aber ohne Glas. Das Haus enthielt noch 2 eben solche Zimmer, welche aber nicht durch Thüren miteinander verbunden waren, sondern alle 3 Thüren gingen auf eine schmale überdachte Veranda hinaus, die als Korridor diente. Dem General wurde zur Nacht sein Feldbett aufgeschlagen; M... und ich fanden in dem grossen Holzbett, das am Ende des Zimmers stand, beide Platz.

Am 27-ten wurde schon vor 6 Uhr ausgeritten. Wir sahen auf der Spitze eines steilen Berges einen viereckigen Thurm, der wie ein Obelisk oben spitz zulief, während die meisten flache, mit Brustwehr und Schiessscharten umgebene Dächer gehabt haben. Als erste Ausnahme, die ich gesehen, ist dieser Thurm nicht zerstört. Auf einem benachbarten, sehr spitz zulaufenden Berge sah man noch einige Ruinen. Die Leute sagten, es seien

Ueberreste eines Heiligthums aus heidnischer Zeit. Leider hatte ich nicht genügend Zeit, um diesen Berg zu besteigen. Wir sahen auch einen recht hübschen See, — hier im Kaukasus eine Seltenheit, — 5500 Fuss hoch. Die Sage berichtet, der See habe sich früher an einem andern Orte befunden und sei in der Gestalt eines Stieres hierher herübergekommen, um sich in diesem schönen Thale zu lagern. Er soll von der Bevölkerung als heilig verehrt werden. Dann begann sehr steiles Steigen; die Seiten der Berge waren hier so vielfach von Schluchten gekerbt und zerrissen, dass man fast immer in der unmittelbaren Nähe der Bergkämme reiten musste. Es war eine harte Arbeit für die Pferde, und für die Reiter gerade auch keine Erholung.

Der Weg war allenthalben gebessert und für 1 Pferd zur Zeit nach hiesigen Begriffen passirbar gemacht. Schmale Stellen und unmittelbare Nachbarschaft von Abgründen waren so häufig, dass man aufhörte, darauf zu achten. Oben befanden wir uns meist in dichte Wolken gehüllt, während einzelne Thäler, von der Sonne mit rosigem Lichte beleuchtet, Bilder von besonderer Lieblichkeit darboten. Die Vegetation bestand fast ausschlisslich aus dem dichten Rasen einer Alpenweide; stellenweise wucherten Kräuter von 8 und 9 Fuss Höhe, auch sah ich den bei uns im Garten cultivirten Venuswagen. An Südabhängen im Thal, kommen auch Azaleen in ganzen Feldern vor; ganz oben einzelne krüppelige Birken und Pielbeerbäumchen (Eberesche). Obgleich dieselben kaum einige Zoll stark waren, sah man frisch abgeholzte Strecken: wer zuerst kommt, kann das Dickste nehmen. Bei diesem forstwirthschaftlichen Grundsatze wird kein Baum alt, namentlich wenn ihrer schon ohnehin so wenige da sind. Der höchste Punkt, den wir heute erreichten, war 8300 Fuss; über 7000 Fuss mussten wir oft in die Höhe und während der zweiten Hälfte des Tages kamen wir selten unter 6000 Fuss.

Die Mannigfaltigkeit der Aussichten war zahllos. Nachdem das Wetter sich aufgeklärt hatte, bekamen wir einmal einen Durchblick in weite Ferne nach Süden hin; doch schienen die hohen Berge, die wir sahen, noch immer die Vorberge und nicht die centrale Hauptkette des Kaukasus zu sein, denn die Gipfel hatten keinen Schnee. Auch nach Norden hin sah man einmal durch ein Thal bis in die endlose, sonnenbeschienene Steppe, die sich wie ein Meer vor dem Gebirge auszudehnen schien. In unserer nächsten Nähe gewährten die zahlreichen Schluchten, bald von oben, bald von der gegenüberliegenden Wand aus en face gesehen, dann wieder wie Coulissenzwischenräume beide Seiten eines grösseren Thales bekleidend, die mannigfaltigsten Bilder. Zahlreiche kleine Auli (аулы) lagen in den verborgensten Winkeln der Schluchten oder auf vorspringenden Felsen am Ende eines Grates, immer die Ruine eines viereckigen Thurmes in der Mitte, und 5 bis 10 kleine Hütten herum.

Die Bevölkerung empfängt uns bei der Grenze ihrer Weideplätze, mitunter zu Pferde, und giebt uns dann bis zur nächsten Grenze das Geleite. Kommen wir durch das Dorf selbst, so stehen auch die Frauen in Fronte aufgestellt, sich Nase und Mund mit dem Kopftuch verdeckend.

Als die Sonne sich neigte, sahen wir zum ersten Mal wieder in geackerte Thäler hinab. Das erste Getreidefeld, an dem wir vorüberritten, war mit einer Grasart besäet, die wie Wiesenfuchsschwanz aussah.

Die Tschetschenzen nannten es Komi oder Kama, die Kosaken Berghirse (горное просо), wol nur, weil die feine Saat von allen Getreidearten noch am meisten den Hirsekörnern gleicht. Hirse nennen die Tschetschenzen Bors. Hoch in den Bergen, wo kein Getreide mehr gedeiht, scheint dieses Gras namentlich gebaut zu werden. Die Saat wird gemahlen und, mit Butter gekocht, in kleine Wülste geformt, wie Knappkäse, welche «Zo» genannt werden. Uebrigens wächst dieses Gras auf dem ganzen Kaukasus so vielfach, dass ich es für die daselbst am meisten verbreitete Pflanze halte; an allen Wegrändern sieht man es, in allen Feldern als Unkraut, auch bildet es den Hauptbestandtheil des Rasens. Die Noth mag zuerst die armen Leute das Einsammeln dieses Manna gelehrt haben.

Der Weg in's Thal hinab war unendlich steil. Fast alle Kosaken stiegen ab und führten ihre Pferde am Zügel; 2 Tschetschenzen aber, welche uns in unserem Nachtquartier anmelden sollten, jagten fast die ganze Strecke im Galopp hinunter. Das Pferd sitzt dann fast vollständig mit dem ganzen Hinterschenkel auf der Erde, macht keine eigentlichen Galoppsprünge, sondern kurze Lançaden und fällt mit allen Vieren möglichst gleichzeitig auf den Boden, wobei Vorder-und Hinterhufen dicht beisammen stehen. Der Reiter hält das Pferd sehr scharf im Zügel; bei jedem Sprung giebt er ihm einen Hieb mit der Nagaika, denn die Anstrengung, welche das Thier machen muss, ist sehr bedeutend, da es vollständig auf der Croupe zu sitzen gezwungen wird. Ich lief zu Fuss hinunter. Es war, von unten gesehen, ein ebenso malerischer wie seltsamer Anblick. Wie eine lange Schlange bewegte sich noch der grösste Theil des Zuges auf den Serpentinen; dabei sah es aus, als schwebten die Pferde und Fussgänger in Reihen über einander vor der Bergwand, denn, bei der bedeutenden Höhe, in welcher sich die Letzten noch befanden, war der kleine Steg von unten garnicht sichtbar.

Unten floss der Angur, den wir auf einer, nach dem System

der eisernen Gitterbrücken, aus Holzbalken gezimmerten Brücke überschritten, worauf wir in unserem Nachtquartier, der kleinen Festung Jewdokimowskaja, vom Generalen Jewdokimow im Jahre 1858 erbaut, anlangten. Brücken müssen an solchen Orten in strategischer Beziehung sehr wichtig sein, da die immer reissenden Bergflüsse, wenn sie anschwellen, Truppenbewegungen sehr erschweren können.

Der Empfang, welcher uns hier gemacht wird, entspricht der cultivirteren Gegend: 150 Mann hören eine längere Rede des Generals an, gegen 60 Frauen haben wieder Salz und Brot auf einem Tischchen aufgestellt. Einige Frauen tanzen sogar, auch Männer gesellen sich ihnen bei, — immer die berühmte Lesginka. In dieser Aufführung wetteifert die Geschmacklosigkeit der Pas mit ihrem hohen Ruf; die Männer leisten noch etwas an Geschick und Grazie, die Frauen wol gar nichts.

Die Tracht der Frauen ist recht malerisch: auf dem Kopfe sah ich meist ein oder mehrere dreieckig zusammengelegte Tücher; die Stirn ist mit glatt nach vorn gekämmtem, immer kohlschwarzem Haar, welches dicht über den Augenbrauen glatt abgeschnitten ist, bedeckt, wie es auch einige unserer Damen tragen. Das Obergewand ist ein langes Hemd, das über den Hüften aufgesteckt wird, so dass es dort eine grosse Falte bildet, vorn und hinten aber bis auf die Erde herabhängt. Die Aermel laufen spitz zu, haben aber vom Handgelenk ab eine riesige breite Stulpe, womöglich mit grellfarbigem Zeuge gefüttert und so lang, dass die Hand nichts anfassen kann, wenn diese Stulpe nicht zurückgeschlagen wird. Man hört oft von der Unzweckmässigkeit dieser im Orient allgemein gebräuchlichen langen Aermel reden, sie haben aber den erstaunlich praktischen Zweck, die Handschuhe, welche in diesem Lande noch nicht erfunden sind, zu ersetzen.

Das lange Hemd reicht an den Seiten bis zum halben Schienbein; weiter unten sieht man breite Hosen, deren unteres Ende um die Knöchel aufgebunden zu sein scheint, so dass eine bauschige Falte bis auf den Fuss herabhängt. Die Schuhe sind sehr sauber gearbeitet, ohne besondere Sohle, fast ganz aus demselben Stück Leder geformt; nur auf dem Fussblatt befindet sich ein eingesetztes zweites Stück Leder.

Mir ist allgemein bei den Tschetschenzen der grosse Unterschied zwischen dem Frauen- und dem Männergesicht aufgefallen; es muss wol vorherrschend an der vollkommenen Ausdruckslosigkeit des ersteren liegen, welche in der seltenen Gelegenheit zu geistiger Anregung ihren Grund haben mag und eine Aenderung der Muskelbildung bewirkt. Schön kann man das Frauengesicht nicht nennen. Schwellende Wangen habe ich nur bei ganz jungen Mädchen, und auch da nur in sehr geringem Grade, gesehen. Die Augen sind schwarz und gross, aber ganz ohne Leben und Ausdruck. Den markirten Zügen des Männergesichts dagegen haben Energie und Leidenschaft ihren Stempel deutlich aufgeprägt, die Augen sind voller Leben und Erregsamkeit, man sieht nur das und vergisst darüber die Klappohren oder schreibt sie auf Rechnung der schweren Papacha.

Die Besatzung der Festung ist 150 Mann stark. Wir wohnen im Quartier des Officiers, dessen junge Frau uns auf's Beste bewirthet. Auf dem Fenster liegt ein grosser Haufen Bücher, es sind Bändchen einer Revue, aber meistens unaufgeschnitten. Wie traurig muss es sein die besten Jahre seines Lebens, so in der Wildniss, aller geistigen Anregung entbehrend zu verleben!

Wir befinden uns 3000 und einige hundert Fuss hoch über dem Meere. Da ich den Einfluss der Witterung auf den Barometerstand gar nicht berücksichtigen kann, so sind alle meine Höhenangaben natürlich sehr ungenau.

Ich hatte hier Gelegenheit die Construction der kaukasischen höchst primitiven Mühlen kennen zu lernen. Da die Flüsse alle starkes Gefäll haben, ist es leicht das erforderliche Quantum Wasser in einem Graben bei Seite zu leiten.

In einem Trog, der im unteren Theil gewöhnlich mit einem Brett bedeckt ist, wird das Wasser darauf sehr steil hinuntergeleitet, so dass es aus dem unteren Ende dieser Holzröhre mit bedeutender Kraft herausschiesst. Es trifft hier die Schaufeln eines Rades von etwa $2\frac{1}{2}$ Fuss Durchmesser. Die Achse dieses Rades steht senkrecht und trägt oben den Mühlstein von der Grösse, wie sie bei Handmühlen üblich ist.

An erwähnenswerthen Erscheinungen der Vegetation habe ich heute noch einen Pflaumenbaum gesehen; er war recht gross und mit einer Menge kugelrunder gelber Pflaumen, so gross wie gute Kirschen, bedeckt. Hier oben in den Bergen waren sie noch nicht reif; an der Eisenbahn habe ich schon welche verkaufen gesehen, sie schmeckten ganz wie unsere gelbe Eierpflaume, vollkommen süss.

Jetzt ist es auch für mich hohe Zeit schlafen zu gehen; morgen brechen wir wieder sehr früh auf und am Abend verlassen wir den General, welcher noch einige Tagereisen weiter nach Osten geht. Leider gestattet uns unsere Zeit nicht weiter mit ihm zu ziehen.

Brief VIII.

Festung Schatoja (Шатой) den $\frac{29}{VIII}$.

Heute ritten wir sehr früh am Morgen aus. Alle 3 oder 4 Werst standen Eingeborene in Fronte; der General hält ihnen kurze Ansprachen, ohne vom Pferde zu steigen. Hier haben bedeutende Unruhen stattgefunden. Das Thal schliesst sich zu einer engen Schlucht zusammen; der Weg ist neben dem Fluss in den Felsen gesprengt. Ich sehe ein Paar wilde Felsentauben: sie haben einen weissen Ring um den Hals, sehen der gewöhnlichen blaugrauen Haustaube aber sonst sehr ähnlich; ihr Flug ist erstaunlich rasch, sie sind sehr scheu. In der Hoffnung, wenn ich allein reite, eher zu Schuss zu kommen, reite ich voraus; denn bei 200 Mann Escorte, einer zahlreichen Avantgarde mit wehender Fahne, so wie mehreren Trupps berittener Dorfeinwohner vor uns, ist wenig Aussicht, irgend einen Vogel an der Strasse in Schussweite zu sehen. Die Schlucht wird sehr eng und malerisch. Schwefelwasserstoffgeruch sagt einem, dass hier Dämpfe und vielleicht auch schwefliche Quellen aus der Erde steigen.

Wie bei den meisten Schluchten, sieht man an den Felsen in sehr verschiedener Höhe, Spuren, dass das Flussbett früher sehr viel höher als jetzt lag; etwa 50' über mir ist eine kleine Höhle ausgewaschen, welche offenbar nur vom Fluss ausgespült worden sein kann.

Besonders hübsch ist das weitere Ende der Schlucht: üppige Kräuter und Moose hängen von den Felsen; der Fluss ist ganz eingeengt und fliesst in heftigen Stromschnellen und kleinen Wasserfällen, im Grunde einer tiefen Felsspalte; eine sehr zerfallene Brücke, die Teufelsbrücke genannt (Чортовъ мостъ), führt in bedeutender Höhe hinüber. Die Lage erinnert wirklich etwas an die Teufelsbrücke in der Schweiz. Weiter unterhalb ist das Thal bewaldet; sehr vereinzelte grosse Rothbuchen scheinen nur deshalb ihre Gefährten überlebt zu haben, weil sie hohl oder sonst aus irgend einem Grunde unbrauchbar waren. Das junge Holz wächst sehr üppig.

Zu beiden Seiten der kleinen Chaussée ist der Wald auf einige hundert Schritt Breite vor etwa 2 Jahren ausgehauen worden, wol um unerwarteten Angriffen aus dem Dickicht her vorzubeugen.

Die Aussichten werden anmuthiger, das Thal breiter und flacher, mit abgerundeteren Hügeln, wozu die Bewaldung auch wesentlich beiträgt. Ich reite durch das breite Kiesbett und durch zahlreiche Arme des Flüsschens Argun (Аргунъ) und komme zur Festung Schatoja (Шатоя). Sie hat noch jetzt, wenn ich nicht irre, einige tausend Mann Besatzung.

Nach dem Mittag wurden zahlreiche Medaillen und Georgenkreuze an Eingeborene vertheilt, welche bei Wiederherstellung des Friedens im Lande behülflich gewesen waren. Dann stellte uns der General eine Podoroschnaja in Kronsangelegenheiten aus (подорожная по казенной надобности); der Kreischef gab uns ausserdem noch ein Papier, in welchem den Posthaltern anbefohlen wurde, uns jedenfalls Pferde zu geben; dann noch einen Befehl an die den Sicherheitsdienst besorgenden Kosaken, dass uns ein Mann als Eskorte mitgegeben werden solle. Es dunkelte schon, als wir nach einem herzlichen Abschied von den Reisegefährten, mit welchen wir Hitze und Nässe die letzten Tage über getheilt hatten, ausfuhren.

Der Weg, wie immer an einem Fluss, dieses Mal dem Argun,

führte steil bergab und war recht gut, obgleich schmal; die vielen scharfen Biegungen, mit dem jähen Abhang unmittelbar daneben, nicht gerade beruhigend, namentlich wenn man trotz der Dunkelheit alle Augenblick bemerkt, dass schon wieder etwas am höchst liederlichen Anspann losgegangen ist. Das Thal war abwechselnd bewaldet oder sich zu einer Felsenschlucht verengend.

Auf der nächsten Station Wosdwishenskoje (Воздвиженское) tranken wir beim Obristen Milow (Мыловъ), dem Commandeur des dort stationirenden Regiment's, den Thee und wurden mit seiner Equipage weiter befördert.

Auf der nächsten Station Grosnoje (Грозное), welche schon in der ebenen Steppe liegt, schliefen wir einige Stunden, um darauf die classische Teleggenfahrt zu beginnen.

Der Tschernosem war aber eben, und dadurch besonders angenehm, dass er nicht den geringsten Staub gab. Wir passirten mehrere grosse Kosakendörfer, auch einige Tatarendörfer, welche sich durch sehr grosse Kirschengärten vortheilhaft kennzeichneten, und langten am Abend in Wladikawkas an.

Eine solche Teleggenfahrt bleibt, trotz der günstigsten Nebenbedingungen, unter denen wir sie zurücklegten, doch immer sehr angreifend und abspannend. Es ist vielleicht ein Glück, dass man auf den Stationen niemals ohne Aerger abkommt; das belebt einem die Nerven wieder etwas. Die Telegga ist ungeschmiert, das Geschirr defect; und ganz allgemein gilt die Ansicht, dass, weil wir keine Uniform tragen, Eile und jegliches Empressement in der Bedienung überhaupt überflüssig sei. Es bildete für uns was Braesig seinen «lütten Hofjungenärger», nennt, von dem er gefunden, dass er gut für seine Verdauung sei.»

Nur einmal steigerte sich das Unangenehme bis zum typisch gewordenen, «нѣтъ лошадей» («keine Pferde»!)

Wir präsentiren den expressen Befehl des Kreischef's, dass für uns immer Pferde da sein müssen. Es wurde sofort angespannt, — aber müde und entkräftete Thiere.

Ueberhaupt scheinen hier zu wenig Pferde für die Frequenz gehalten zu werden; dieselben Pferde werden zu oft gebraucht, und bei dem gänzlichen Mangel an Sorgfalt in der Verpflegung und im Anspann, gehen die armen Thiere rasch zu Grunde. Dieselbe Sedelka (сѣделка), welche auf dem abgemagerten Rückgrat die Haut verletzt hat, wird immer auf dieselbe Wunde geschnallt, bis das Pferd ganz dienstunfähig wird. Der verhältnissmässig billige Preis der Pferde, die Schwierigkeit in der Steppe alle Erfordernisse für jegliche Remonte zu beschaffen, aber auch eine gehörige Dosis Fahrlässigkeit scheinen mir die Hauptgründe für dieses Uebel. Dazu kommt noch der officielle Character der meisten Reisenden; sie müssen expedirt und schnell gefahren werden, ob die Pferde dabei umkommen oder sich wohl befinden, ist ganz gleichgültig.

In Wladikawkas machten wir gleich der Generalin S. unsere Aufwartung. Als sie hörte, dass wir noch keinen Mittag gehabt, liess sie uns nicht gehen, bevor wir reichlich bewirthet worden waren.

Im Hôtel gab es auch noch zu packen, bevor wir dem lang' entbehrten Genusse, in einem aufgemachten Bette zu schlafen, nachkommen konnten. Es war ein köstliches Gefühl sich behaglich ausstrecken zu können.

Brief IX.

Tiflis den $\frac{31}{VIII}$.

Am $\frac{30}{VIII}$ 5 Uhr Morgens verliessen wir Wladikawkas in einer Kalesche, die wir auf der Post hatten miethen können. Unser Weg führte über einen Marktplatz. Wir benutzten die Gelegenheit, um ein grosses Weissbrot und ein halbes Dutzend Arbusen einzukaufen. Beides erwies sich als von ganz vorzüglicher Qualität und war ebenso nützlich als angenehm.

Die stetig ansteigende Ebene dauert nicht lange; wir befinden uns bald zwischen hohen Kalkfelsen im Thal des Terek. Wie alle Flüsse, die ich bisher hier gesehen, fliesst der Terek in viele Arme getheilt, die sich immer wieder vereinigen und theilen, in einem breiten Bett von grobem Kies mit sehr starkem Fall; zu anderen Jahreszeiten mag dieses breite Flussbett ganz gefüllt sein.

Die Strasse ist sehr belebt. Das Volk, welches die Gegend um Wladikawkas bewohnt, heisst Osseten (Оссетины). Sie sehen stämmiger und kräftiger aus, als die Tschetschenzen, ohne gerade sehr lang zu sein. Krumme Nasen, schwarze Augen und Haare haben hier, wie es scheint, Alle. Wir kommen in das Land der Grusiner (Грузины). Viele grusinische Fuhrleute begegnen uns auf dem Wege. Dort steht ein Trupp, der ausgespannt hat und die Ochsen und Büffel weiden lässt. Die Wagen sind zur Nacht in 2 aneinanderstossende Kreise, wie eine 8, gereiht und bilden so eine förmliche Wagenburg, welche bei einem Ueberfall gewiss von gutem Nutzen sein muss. Dass diese Vorsicht jetzt noch sehr nothwendig ist,

Ossete.

Das Thor von Pariol
den 7. August 1817.
G. VON BERG.

Engpass von Parijol
Chaussee Wladikawkas-Tiflis

glaube ich kaum; es scheint bei den Leuten aber zur Gewohnheit geworden zu sein, wie das Tragen der Waffen hier einen integrirenden Theil der Kleidung ausmacht. Der Pastor Frackmann in Pjatigorsk erzählte mir übrigens, dass Pferde- und Viehraub wol noch vorkommen soll.

Das Thal wird enger; der Fluss fliesst in einem engen Bett über grosse Blöcke, der Weg ist in den Felsen gesprengt. Wir sind im Engpass von Dariol. Ich habe schon oft «grossartig, grossartig» gesagt; aber hier ist mehr, als ich jemals gesehen. Die Felsen scheinen bis zum Himmel zu reichen: — zackige Spitzen und fast senkrecht darüber noch zackige Spitzen, immer höher und höher; — es fesselt das Auge derart, dass man den schäumenden Fluss und die Strasse, welche anderorts sehr bewundert werden würden, ganz vergisst und nur immer und immer wieder diese Felsenriesen vom Fuss bis zum Gipfel mit dem Auge misst.

Wir standen beide aufrecht in der Kalesche und sahen zurück.

Da, als wir um einen Felsenvorsprung gefahren waren, erkannte ich das Bild, welches mein Vater vom Thor Dariol gezeichnet, als er vor 61 Jahren hier war.

Wie viel beschwerlicher muss damals das Reisen gewesen sein!

Ich hatte schon mehrere Mal in Seitenschluchten zusammengebackenes Trümmergestein bemerkt, welches nicht wie der Flusskies rund abgeschliffen, sondern scharfkantig war. Jetzt passiren wir eine Wand von solchen zusammengebackenen Steinen, welche einige hundert Fuss Höhe hat; das können nur die Ablagerungen der Gletscher und Lavinen sein, welche von den höheren Bergen die Steine hinuntertragen, um sie darauf dem Fluss zur weiteren Bearbeitung zu übergeben.

Die Station Kasbek (Казбекъ) ist die grösste auf dieser Strasse: ganz aus behauenem Sandstein gebaut, mit Verandas, einer verdeckten Anfahrt etc.; aber grausam schmutzig ist es im Inneren. Nach einem dunklen Corridor gelangen wir in das Speisezimmer: nicht ein Fenster ist gewaschen, Holzstühle, Holzdivane; du bout du corridor dringt der Geruch bis in's Speisezimmer. Doch genug des Widerwärtigen.

Den Kasbek haben wir nicht sehen können, weil er in Wolken gehüllt ist.

Eine kleine grusinische Kirche in der Nähe ist sehr sauber, ganz aus behauenem Stein gebaut; auch das Dach ist aus Stein. Man sieht nicht einen Span Holz oder sonst anderes Material. Noch eines Duchan (Krug oder Schenke) muss ich erwähnen, der ganz aus Schieferblöcken zusammengestapelt ist, sogar 2 Säulen ganz ohne Mörtel, — ein wahrer Cyclopenbau!

Ein jähriger Bär läuft auf dem Hof der Station umher; er hat einen weissen Ring um den Hals, welchen ich auch bei uns im Norden oft bei jungen Bären gesehen habe. Unterschiede von unserem nordischen Bären kann ich keine wahrnehmen.

Wir fahren weiter; meist nur im Schritt, da der Weg sehr steil ansteigt. Der Terek verlässt uns; wir folgen dem Thal eines kleinen Nebenflusses.

Zahlreiche grusinische Familien ziehen mit Weibern und Kindern des Weges. Morgen soll ein kirchliches Fest stattfinden und sie begeben sich zur Kirche beim Kasbek. Es fallen mir viele schöne, lange Gestalten unter den Frauen auf; das Gesicht ist oval, die Züge sehr regelmässig. Unter diesen wäre es leichter als unter den Tschetschenzen, Schönheiten zu finden, aber hauptsächlich in Bezug auf die Gestalt, weniger auf das Gesicht. Da geht eine junge Frau und trägt ihren etwa dreijährigen Knaben auf der Schulter; sie hat die

Station Gudaur.
Chaussee Wladikawkas-Tiflis.

Hand in die Seite gestemmt, um die Schulter zu stützen und reicht die andere über den Kopf hin dem Knaben. Wie gerade sie sich hält! Der Gang und die Bewegung sind würdevoll und graciös. Auch die Kinder sind wohlgebildet und haben durchaus nicht die unförmig grossen Bäuche, welche ich in Syrien und Egypten allgemein gesehen. Die alten Grusinerinnen hatten meist ein grosses, in ein Dreieck zusammengelegtes Tuch auf dem Kopf, welches mit einer wollenen Schnur um den Scheitel sehr fest angebunden war, ganz so wie die Beduinen es tragen.

Gegen 5 Uhr Nachmittags erreichen wir endlich die Passhöhe beim rothen Kreuz. Ein Schwarm Alpendohlen veranlasst mich zu Fuss bis zum Kreuz hinaufzusteigen. Mein Barometer zeigt 8200 Fuss Höhe.

Meine Flinte in der einen Hand, zwei Alpendohlen in der andern, muss ich auf der anderen Seite noch einen steilen Hang hinunter und erst eine Werst von da erreiche ich die Chaussée wieder.

Nun geht es rasch hinunter. Die Stationen sind hier alle allerliebst gebaut, namentlich diese bei der Passhöhe; man glaubt ein englisches Landhaus zu sehen. Alles behauener Sandstein; ein Theil zweistöckig, der andere einstöckig;—eine überdachte Anfahrt auf der einen, eine verdeckte Veranda auf der andern, eine offene mit Colonnen gezierte Veranda auf der dritten Seite.

Dort sollten wol Schlingpflanzen das Dach bilden—ein ganz regelrechtes bow-window — aber! aber! mit zerbrochenen Scheiben, das Dach ungestrichen und defect und Schmutz, Schmutz, Schmutz, indem auf den Verandas Gräser bereits Wurzel gefasst und üppig gedeihen.

Anstatt der 4 Pferde, die wir in Wladikawkas für die ganze

Tour bereits bezahlt, werden uns hier nur 2 angespannt; aber immer im scharfen Trab oder Galopp geht es vorwärts, denn wir fahren immer steil bergab. Die Wendungen der Serpentinen des Weges sind sehr scharf, und bis man sich daran gewöhnt, fühlt man sich nicht gerade gemüthlich, wenn man sieht, dass trotz des energischen Ziehens an den Leinen die Pferde erst am äussersten Rande des Abhangs den Wagen zum Kehren zu bringen vermögen.

Die Thäler werden breiter, die Berge sind weniger zackig, die Luft ist warm. Wir sind hinüber und athmen den Wind der asiatischen Wüsten.

Der Mond scheint hell. Wenn eine scharfe Biegung uns aus dem Gleichgewicht bringt, wachen wir auf, sehen die Aragwa im Thal zu unserer Rechten schäumen, einen Hund am gefallenen Büffel neben dem Wege fressen, bewundern das leichte, besonders hübsche Gewölk, welches der Südwind dahertreibt, und schlafen dann wieder ein.

Auf der Station Duchet wollen wir etwas schlafen. Man weist uns ein Zimmer mit zwei Holzdivanen an; ich verlange, dass man diese Divane mindestens mit einem Besen abfegen solle, so viel Erde haben kothige Stiefel früherer Reisenden dort abgelagert; es geschieht nicht. Man schliesst uns jedoch ein anderes Zimmer auf, welches nur einen, aber mit Wachstuch bespannten Divan hat. Er ist schmal; doch, die Füsse des Einen neben dem Kopf des Andern gelagert, finden M. und ich beide auf ihm Platz und mit der festen Absicht uns nicht zu rühren, um nicht herunter zu fallen, schlafen wir sehr süss bis fünf den andern Morgen. Noch zwei Stationen im Galopp bergab bringen uns nach Mzschet, der alten grusinischen Hauptstadt.

Unterwegs sehen wir pflügen. Ein urweltliches Instrument,

dieser Pflug! er besitzt aber doch alle wesentlichen Theile des modernen eisernen Wendepflugs, nur Alles sehr plump und in riesigen Dimensionen. Bis auf die eiserne Spitze ist er ganz aus Holz gezimmert. Drei Paar Büffel und 4 Paar Ochsen ziehen ihn, 3 Mann sind mit dem Lenken dieser Thiere beschäftigt; sie sitzen dabei auf dem Joch zwischen den Hörnern der Thiere und 2 Mann bemühen sich den Pflug zu handhaben, also im ganzen 14 Stück Hornvieh und 5 Menschen. Dennoch wird die Furche nicht gerade, der Pflug weicht nach rechts und links aus, es bleiben grosse Stücke unberührt liegen; die Schwade ist aber aller Ehre werth: 10" tief und 12" breit. Wir passiren die Ruine eines alten Schlosses; gleich dahinter, wo die Chaussee einen Grandberg durchschneidet, sind an den Seitenwänden alte Gräber blossgelegt: zwei aufrecht stehende und eine darübergedeckte Kalksteinplatte bilden den Sarkophag. Vom Chausseegraben durchschnitten, sehen sie wie Wandschränke oder Nischen aus. Da der Boden aber grandig, also sehr durchlassend ist, glaube ich nicht, dass Knochen sich in ihnen lange werden haben erhalten können.

Wir besichtigen noch die Kirche von Mzschet, wol sehenswerth, was den Bau betrifft, doch ist im Innern nicht viel da. Eine starke Mauer mit Schiessscharten umgiebt den Hof der Kirche, der Geistliche, welcher uns umherführt, bezeichnet ein kleines Haus, in dem er zu wohnen scheint, als die frühere Residenz der grusinischen Fürsten. In der Nähe der Station ist noch ein kleiner Rest einer massiven Ruine; sonst habe ich von der früheren Residenzstadt nichts sehen können. Einige halb unterirdische Hütten beherbergen die jetzigen Einwohner, welche auf dem alten Schutt Landwirthschaft betreiben.

Wir nähern uns Tiflis. Auf der andern Seite der Kura,

längs welcher wir fahren, liegen grosse Gärten; hohe Giebel und riesige Kornkuien ragen aus den Baumgruppen; dort scheint Wohlstand zu bestehen und die Landwirthschaft gut zu lohnen.

Was ist das? Die deutsche Colonie.

Noch 5 oder 6 Werst haben wir zu fahren. Am Wege liegen Weingärten voller Unkraut; die Reben ranken mehrere Faden lang an Bäumen und einzelnen Stangen oder liegen auf der Erde, verwahrlost au possible, wenigstens nach westeuropäischen Begriffen. Man sagt mir aber, das Unkraut sei gut, um den Boden vor dem Verdorren zu schützen und lange Ranken seien Landessitte, also wol auch auf Erfahrung begründet. Davon mag Einiges sehr richtig sein, aber Sorgfalt und Pflege, das, was uns bei einem Weingarten am Rheine oder in Frankreich zunächst auffällt, fehlt hier jedenfalls und müsste doch in dieser oder jener Form nützen können.

Tiflis hat ein stark orientalisches Aussehen, doch giebt es dort auch recht viel europäische Häuser und breite Strassen, sogar Boulevards. Der Staub ist aber ganz unerträglich. Ein pfeifender Sturmwind, trocken wie der Tifun in Caïro, aber stossweise und wirbelnd, macht Alles dürre und erhebt Staubwolken, wie sie mir noch nirgends in Städten vorgekommen sind.

Es ist 8 Uhr des $\frac{2}{IX}$; wir müssen zur Bahn und fahren nach Borshom; das Wetter ist schön.

MUSCHA. TRÄGER.
Tiflis.

Brief X.

Borshom (Боржомъ) den $\frac{3}{IX}$.

Am $\frac{31}{VIII}$ also waren wir gegen 12 Uhr Mittags in Tiflis angekommen. Das Hôtel de Londres ist vortrefflich; ich bestelle ein Bad und darauf ein Mittagsessen; beides war sehr gut, aber liess auf sich warten. Die Wirthin entschuldigte sich, sie seien bestohlen worden und eben hätte man ihnen 25,000 Rubel zurückgebracht; das sei aber noch nicht Alles «et nous ne savons où donner de la tête» — morgen würden wir besser bedient werden. Wir wurden es auch. Man sagte in der Stadt, es seien ihnen im Ganzen 60,000 Rubel gestohlen worden. Der Wirth ist Koch beim Grossfürsten-Statthalter gewesen. Als ich ihm mein Compliment wegen des guten Essens machte, antwortete er mir: «Ah, mais c'est que je suis cuisinier, moi!» Seine *pâte feuilletée* und *friture* sind Kunstwerke ihrer Art und die Coteletten einer Antilope (Antilopa subgutturosa), auf der Speisekarte «*chevreuil*» genannt, empfehle ich der besonderen Aufmerksamkeit jedes Gastronomen.

Am Nachmittag machten wir uns daran unsere Empfehlungsschreiben abzugeben; es war aber noch die heisse Jahreszeit, während welcher die meisten Residenten Tiflis verlassen.

Wo ist der Director des Museums Dr. Radde?

In Sillameggi (in Estland).

Der Oberlehrer Herr von Wahl? Auch verreist. Der Obrist Astafjeff? In Borshom. Der Adjutant des Grossfürsten Obrist Baranow? Auch in Borshom. Dr. Dohrand, der neue Director des Tifliser meteorologischen Observatoriums? Der ist eben angekommen. Das Observatorium liegt in der deutschen Colonie. Dr. Dohrand war noch keine 14 Tage in Tiflis und konnte uns nicht viel über die Landesverhältnisse sagen, erzählte aber vieles Interessante von Chiwa, wo er anderthalb Jahre gewesen war. Einen älteren Residenten von Tiflis fanden wir in dem Dr. Sivers, Director der Tifliser Bibliothek und Stellvertreter des Dr. Radde am Museum von Tiflis.

Den Abend verbrachten wir im Club (Лѣтній Кружокъ): sehr hübscher Garten mit Musik und Tanz; keine grosse élégance, aber Ordnung und Reinlichkeit überall, die heiterste Stimmung und eine sehr zahlreiche Gesellschaft.

Am $\frac{1}{IX}$ führte uns der Dr. Sivers in's Tifliser Museum: Hausgeräth, einige Möbel, Trachten, Sättel, Waffen, Schmucksachen; Manches recht hübsch gearbeitet.

In andern Zimmern standen ausgestopfte Thiere, meist hübsch gruppirt: der Auerochs, Bos Urus (зубръ), welcher in den Wäldern des nordwestlichen Kaukasus in vollkommener Wildheit vorkommt, hatte sehr kurzes wolliges und ausgeblichenes Haar, d. h. es war nicht dunkelbraun, sondern eher gelblich; sonst konnte ich keinen Unterschied zwischen diesem und dem lithauischen Auerochsen bemerken. Die Abchasen nennen den Auerochsen Adombe (Адомбе).

In der Mitte des Saales stehen au einem künstlichen Felsen und in sehr schönen Exemplaren: die Gemse aus Borshom und Abas Tuman, der Kaukasische Steinbock, (Туръ)—Aegoceros Pallasii—aus Swanetien beim Kasbek (der Alpensteinbock heisst Aegoceros Ibex), das sogenannte wilde Schaf,—Ovis Anatolica—vom Ararat. Letzteres hat aber durchaus keine Wolle; das Haar gleicht mehr dem Rehhaar, die gerippten und gewundenen Hörner gleichen wol denen einiger Schafarten.

Der bärtige Steinbock, ebenfalls vom Ararat und dem kleinen Kaukasus, —Capra caucasica, —(бородачъ); seine Hörner gleichen denen der Hausziege, sind aber von riesiger Grösse. Man hat diesen Steinbock den Stammvater der Hausziege genannt. Ich kann mich hierbei einer Bemerkung nicht enthalten. Jetzt wo es an der Tagesordnung ist, nach der Abstammung der Thiere zu forschen, hört man nur zu oft behaupten, diese oder jene Art sei die Stammform einer gewissen anderen. Meist ist diese Behauptung nur durch eine gewisse Aehnlichkeit beider Arten begründet. Die Aehnlichkeit allein kann uns aber höchstens eine Verwandtschaft zweier Arten wahrscheinlich erscheinen lassen; genealogische Geschlechtsregister müssen anders begründet sein, um Geltung zu haben. Die neueren Ansichten der Abstammungstheorie sind sehr um ihren Credit gekommen, weil man zu bestimmt von genealogischer Descendenz redet und sie nur durch Aehnlichkeit begründet. Wollen wir als Beispiel diesen Fall näher untersuchen.

Von dem noch jetzt wild lebenden bärtigen Steinbock, und von der jetzt lebenden Hausziege bis zu ihrem gemeinschaftlichen genealogischen Stammvater liegen doch wol annähernd gleich viel Generationen. Der jetzt lebende bärtige Steinbock ist also der Vetter der Hausziege, nicht ihr Vater. Er mag dem gemeinschaftichen Grosspapa in allen Stücken mehr gleichen, dadurch wird er aber doch nicht zum Vater der Hausziege. Wir haben auch durchaus nicht das Recht anzunehmen, dass zwischen dem jetzigen bärtigen Steinbock und dem gemeinsamen Stammvater gar kein Unterschied bestehe, zumal wir diesen wirklichen Stammvater gar nicht kennen.

Gern hätte ich mich mit dem Gestein der hiesigen Gebirgsarten näher bekannt gemacht, doch waren nur die zur Politur geeigneten Steine, Marmorarten, Obsidiane, und dergleichen in einem Glaskasten ausgestellt und gab der Catalog auch weiter nichts über andere Steinsammlungen an.

Erst nachträglich erfuhr ich, dass Dr. Sivers, welcher uns begleitete, eigentlich Mineralog sei und mich gewiss gut hätte unterrichten können. Meine Taubheit wird mir noch manche interessante Auskunft so verloren gehen lassen.

Die Vögel waren in sehr hübschen Exemplaren vertreten und meist auch sehr gut ausgestopft, doch müssen auf dem Kaukasus noch weit mehr Vogelarten vorhanden sein.

Wir gingen darauf durch den Bazar. Wem Kaukasische Waffen und Geräthe etwas ganz Neues sind, der wird hier manches Interessante finden können, meist muss man sich das wirklich Werthvolle aber erst bestellen.

Wir besuchten auch den botanischen Garten. Man konnte dort ein Glas sehr schlechten Kachetinerwein trinken; der eigentliche, botanisch- interessante Theil des Gartens war dem Publicum aber nicht zugänglich, weil der Direktor nicht in Tiflis anwesend war.

Zu Mittag hatte ich Gelegenheit, die hiesigen Krebse zu schmecken. Das Fleisch ist sehr weiss, fast durchscheinend, der Geschmack besonders rein, d. h. wie Forellenfleisch hat es eigentlich gar keinen Geschmack.

Am Nachmittage besuchten wir den Dr. Dohrand. Das meteorologische Observatorium ist recht vollständig montirt. Ich sah sehr schöne Haar-Hygrometer und einen selbstmarkirenden Barometer von einer höchst sinnreichen Construction, die ich noch nicht kannte.

Wir gingen darauf noch in einen grossen Garten, halb Park und halb Obstgarten, doch fand ich bis auf eine recht grosse Birnenart wider Erwarten nur mangelhaftes Obst.

Die grosse Trockenheit der Luft scheint der wesentlichste Grund dazu zu sein; alle Bäume müssen begossen werden; grosse Schöpfräder heben das Wasser aus der Kura, worauf es in kleinen Gräben im Garten vertheilt wird.

Im Garten des meteorologischen Observatoriums sah ich Bäume, deren Blätter vollständig welk waren. Der alte Gärtner war in Verzweiflung; denn wenn der trockne Südwind, welcher eben wüthet, acht Tage anhält, sollen die Bäume welche nicht bewässert werden, vertrocknen; erst heute hatte er Wasser für seinen Garten bekommen können.

Den Abend verbrachten wir beim Dr. Heinrich Struve, Director des Tifliser chemischen Laboratoriums. Er schenkte mir sein Werk über den Weinbau.

Eine sehr wesentliche Frage für den Kaukasus ist die Erhaltung des Weins. Erfahrungsgemäss verdirbt der berühmte Kachetiner meist schon im zweiten Jahr. Struve gab uns Wein zu schmecken, welchen er durch Erwärmen auf 60° Celsius haltbar gemacht hatte und der schon 8 Jahre bei ihm im Keller lag.

Die besseren Sorten des rothen Kachetiner gleichen sehr dem rothen Burgunder; ich würde gerne den Versuch gemacht sehen, den Wein durch französische Arbeiter ganz wie in der Bourgogne behandeln zu lassen. Struve meinte, dass in Bezug auf das Keltern und die Kellerarbeit solches gewiss von gutem Erfolg sein müsste. Was die zu pflanzenden Weinsorten und die Bearbeitung des Weinbergs betreffe, so seien die climatischen Unterschiede aber zu gross, als dass man das französische System und den französischen Weinstock hier mit Erfolg einzuführen hoffen dürfe. Ich verweise in Bezug auf genauere Auskunft über den Weinbau im Kaukasus auf Struves Werk: О винодѣліи, Г. Струве. Тифлисъ.

Nur eines eigenthümlichen Systems muss ich erwähnen, welches die deutschen (schwäbischen) Colonisten auf dem Kaukasus prakticiren. Sie pflanzen einen Weinstock am Fluss oder sonst derart, dass seine Wurzeln das Wasser erreichen und ziehen eine Ranke den Berg hinauf bis zu 200 Fuss weit an oder in der Erde. Von dieser werden in entsprechenden Abständen Ableger gemacht und Weinstöcke gebildet, aber ohne den alten Stock durchzuschneiden, so dass alle Weinstöcke einer aufsteigenden Reihe mit ihrer Wurzel zusammenhängen und durch dieselbe Wasser aus dem Fluss aufzusaugen vermögen. Die Beeren der dem Wasser zunächst liegenden Stöcke sollen die grössten, die der entferntesten die kleinsten sein.

Am $\frac{2}{IX}$ fuhren wir mit dem 10 Uhr Zuge von Tiflis ab. Der Bahnhof ist jämmerlich, auch sind die Waggons recht schmucklos und schmutzig. Ich fragte, ob es Kaukasische oder Donische Steinkohle sei, mit der unsere Locomotive geheizt werde. Es war englische, weil englische Kohle 28 Kop. das Pud in Poti koste, während Kaukasische in Kutaïs, wo die Bergwerke in der Nähe liegen, 40 Kop. zu stehen komme und ausserdem geringerer Qualität sei. Donische Steinkohle komme überhaupt gar nicht bis hierher. Dieses Factum ist für unsere Steinkohlenindustrie ebenso characteristisch wie beklagenswerth.

Wir fahren langsam, meist recht steil bergan.

Die Gegend ist bergig, ohne dass man das Hochgebirge sieht, und dürre wie die trockenste Wüste; nur in der Nähe des Flusses kommen Dörfer vor.

Bei der Station Kasanka sah ich zum ersten Mal die in hohe steile Felswände eingehauenen Zellenwohnungen; sie sind hier allenthalben sehr häufig.

Einige Forscher halten sie für Klöster, andere glauben in ihnen Behausungen aus den ältesten vorhistorischen Zeiten zu erkennen, als der wilde Mensch sich gegen Raubthiere noch nicht anders zu schützen wusste, als durch eine für sie unerreichbare Wohnung.

Mir scheint, dass, wenn wir die menschlichen Nachbarn Raubthiere nennen dürfen, diese letzte Erklärung die richtige sein könnte.

Einsiedler benutzen diese Wohnungen wol noch heute, auch als Klöster haben sie stellenweise gedient; doch kommen sie auch so vereinzelt vor, dass sie nicht allgemein diesen Ursprung haben können.

Wo Menschen hier im Kaukasus zwei Steine auf einander gelegt haben, da ist es niemals ohne den Gedanken geschehen, dass sie als Schutz gegen böse Nachbaren benutzt werden könnten; ebenso wird auch der Gedanke sich eine Wohnung derart in die Felswand zu hauen, dass man nur am Seil in dieselbe hinaufzukommen vermag, wol den gleichen Ursprung gehabt haben.

Nachdem diese phantastische Idee zur Gewohnheit geworden, sind bei weiterer Durchführung schliesslich ganze Kirchen und sogar Städte, mit Strassen zwischen den Häusern, in den Felsen ausgehauen worden. Wir fahren bei der Station Gory (Гори) an den Ruinen eines solchen ausgehöhlten Berges vorüber. Eingestürzte Vorderfronten lassen grosse Hallen, kleine Wohnzimmer und schmale Strassen sehen.

In dem Städtchen Gory (Гори) giebt die Ruine eines sehr ausgedehnten Schlosses mit zahlreichen viereckigen und runden Thürmen, sehr hohen Ringmauern etc. davon Zeugniss, dass bis in die neueste Zeit Schutz vor Ueberfällen die wesentlichste Lebensbedingung ausmachte.

In jedem fruchtbaren Thale sieht man mehrere Schlossruinen auf einzeln stehenden Felsen. Das Gestein, so gut ich es aus dem Waggonfenster zu erkennen vermag, scheint loser Sandstein zu sein. Die Gegend ist ein Model für Diluvialformen; überall hat Wasser Rinnen und Schluchten eingegraben, die härteren Theile als Höhen zurücklassend. Nicht ein Baum oder Rasenhang hindert einen hier das nackte Gestein von allen Seiten zu sehen.

Die Kura, in deren Thal die Eisenbahn hinaufsteigt, ist, obgleich reich an Steinblöcken und Stromschnellen, doch verhältnissmässig so wasserreich und ruhig, dass man Holz aus der waldreicheren Gegend von Borshom in Flössen auf ihr transportiren kann. Wir begegnen mehreren dieser Flösse.

Im Waggon machten wir die Bekanntschaft des Staatsraths von Hagemeister, Chefs des Ingenieurwesens, eines höchst liebenswürdigen Herren, der mir den Plan für meine fernere Reise entwarf und uns auch für den Ritt aus Abas-Tuman nach Kutais Pferde entgegenzuschicken versprach.

Bei Michailowo verlassen wir die Bahn. Nach einer Fahrt von 28 Werst auf einer guten Chaussée, kommen wir gegen 6 Uhr Abends in Borshom (Боржомъ) an.

Die erste Frage, die man an uns richtet, wie wir aus dem Wagen steigen, ist, ob wir auf Verlangen des Grossfürsten Statthalters herkämen. Das Zimmer, welches man mir anweist, ist so feucht und kalt, dass ich gleich Feuer im Kamin anmachen lasse. Wir wollen Reitpferde für den folgenden Tag haben, um die Umgegend zu besehen. Es giebt keine. So wollen wir einen Wagen miethen. Es giebt nur einen und der ist schon vermiethet. Wir wollen essen. In einem sehr grossen feuchtkalten Speisezimmer giebt man uns eine Speisekarte, wir wählen und bestellen schriftlich. Wir warten eine Stunde;

dann kommt die Antwort, dass vom Bestellten nichts da sei, man verspricht, uns aber Omelette und Rindcoteletten. Es dauert noch ¼ Stunde, dann erscheint der Kellner mit einer Flasche Wein. Er ist ganz untrinkbar. Ich nehme Brot und schneide mir ein sehr grosses Stück von einem Käse, der auf dem Tisch steht. Da findet sich, dass dieser Käse das Privateigenthum eines kaukasischen Fürsten ist; ich lasse mich ihm vorstellen und erhalte von ihm auch trinkbaren Wein.

Am Abend spielt Regimentsmusik, 60 Mann, im Kurgarten; es wird dort auch etwas getanzt.

Am folgenden Tage machen wir mehrere grosse Spaziergänge zu Fuss, da auch ein Fuhrmann, den wir endlich bekommen hatten, nicht weiter als bis zum Kursaal fahren darf. Das Wasser der Quelle erinnert an Karlsbad, ist aber nur lauwarm und schmeckt daher besonders widerlich. Ein Weg, der etwa eine Werst weit längs der Kura hinaufführt, ist sehr hübsch und schattig. Eine sehr pittoreske Brücke aus Stricken, welche von lebenden Baumstämmen aus eine leichte Bretterdiele tragen, führt über den Fluss. Zwei junge Damen, die eben hinübergehen, scheinen das Schwanken ebenso zu fürchten, als diese kleine Aufregung ihnen andrerseits Vergnügen bereitet.

Borshom ist die Sommerresidenz des Grossfürsten Statthalters und sein Privatgut. Da Tiflis im Sommer vor Hitze und Staub unbewohnbar ist, ziehen auch viele der höheren Beamten zum Sommer aus Tiflis nach Borshom. Gegen Süden durch hohe Felswände geschützt, ist Borshom besonders kühl. Heute Morgen hatten wir nur 5° Reaum. mit kaltem Nebel. Die Mineralquelle macht es zu einem kleinen Badeort. Gegen 100 Villen, die theils den Personen, welche sie bewohnen, gehören, theils auf den Sommer vermiethet werden, scheinen recht bequeme Wohnungen zu bieten. Ein Gasthaus giebt es aber nicht, die Reisenden steigen in dem sogenannten Cavalierhaus ab, welches eigentlich für die unverheiratheten Beamten und Personen aus dem Gefolge des Grossfürsten bestimmt ist. Sehr hübsch ist das grosse Landhaus des Grossfürsten in einem nach englischem Geschmack bepflanzten Garten. Der Rasen will wegen der Dürre nicht recht gedeihen; grosse wohlgepflanzte Baumschulen bilden aber einen angenehmen Contrast gegen die Wildniss, welche man sich schon etwas gewöhnt hat allenthalben zu sehen.

den $\frac{4}{IX}$ 5 Uhr Morgens.

Nach einer Stunde Wartens auf der Post und gegen hohe Bezahlung haben wir endlich Pferde bekommen. Sie sind jetzt vor der Thüre; wir fahren über Achalzich nach Abas Tuman. Von dort reiten wir am $\frac{5}{IX}$ nach Kutais, dann verlässt mich mein Reisegefährte M. um gerade nach Petersburg zurückzukehren. Ich bleibe noch etwa acht Tage länger hier, um zwischen Kutais und Poti einige Excursionen zu machen. Da wir unser Gepäck nicht zu Pferde über die Berge transportiren wollen, schicke ich es mit meinem Diener Jakob nach Michailowo zurück und von dort per Bahn nach Kutais.

Brief XI.

Korshowet Wald (Коржовѣтъ) den $\frac{5}{IX.}$

Die Gegend, durch welche wir fuhren, nachdem wir Borshom verlassen hatten, war wol sehr schön, obgleich wir doch schon Grossartigeres gesehen hatten. Den Wald bildeten Abies orientalis und eine Pinusart, welche unserer Pinus silvestris, Tanne oder Kiefer (сосна), sehr gleicht. Die Nadeln an diesem Baum sind etwas länger als an unserer Tanne und liegen dichter am Aste an. In sehr eigenthümlicher Weise fallen oft an dem unteren Theil des Jahrestriebes die Nadeln ab und bleiben dann nur wie ein Pinsel am Ende des Triebes in einem Büschel hängen. Andere Pinusarten, wenn ich nicht irre, z. B. die Pinus taurica, haben diese Eigenthümlichkeit in noch höherem Grade. Die Endknospe ist wol 4 mal grösser, die Zapfen 1½ bis 2 mal grösser als bei unserer Pinus silvestris. Am leichtesten wird man den Baum aber daran erkennen, dass er auf der Südseite, am unteren Theil des Stammes, zwischen der gekerbten Rinde, eine sehr lebhafte gelbbraune Farbe sehen lässt. Botanikern von Fach begegnet man hier nicht leicht; ich habe daher nicht ermitteln können, ob dieser Baum einen besonderen Namen hat oder nur als Spielart der Pinus silvestris gilt.

Unter dem Gestein waren Basalte sehr häufig; wie grosse Polster sieht man die Schichten treppenförmig übereinander gelagert; fast glaubt man die breitflüssige Masse noch in Bewegung zu sehen.

Ueberall wo sich neben unserem Wege das Thal etwas erweiterte und irgend Raum für Feldbau war, stand eine

Schlossruine und neben derselben einige Hütten. Bei der Station Auwera (Ауверы) erweitert sich das Thal bedeutend; daher liegt dort auch ein recht grosses Dorf und eine riesige Ruine. Ein tunnelartiger ganz überwölbter Gang hatte zum Fluss hinuntergeführt. Ich kletterte ihn hinauf und gelangte in einen Hof, der von sehr hohen Mauern mit Schiessscharten und Thürmen umgeben war. Der Boden des Hofes war aber ein so abschüssiger Felsen, dass ich nicht weiter konnte. Es scheint also, dass auch in diesen grossen Schlössern nicht viel auf Wohnlichkeit und Comfort, gesehen, sondern alle disponiblen Mittel zur Vertheidigung aufgeboten wurden. Die Thäler wurden jetzt immer breiter und aller nur einigermassen ebene Boden war geackertes Feld. Um 1 Uhr waren wir in Achalzich: ein schmutziger Bazar, ein schmutziges Wirthshaus, in dem wir 2 Rub. 10 Kop. à Person für ein Mittagsessen zahlen mussten, das aus unzerkaubarem Fleisch, untrinkbarem Wein, unreifen Arbusen und steinharten Birnen bestand. Mein Nachbar an der Mittagstafel erbat sich die Erlaubniss, auf dem Vordersitze unserer Kalesche mitfahren zu dürfen. Es war ein am Bau der neuen Chaussée beschäftigter Ingenieur. Diese Chaussée wird von Achalzich nach Abas-Tuman führen. Der gegenwärtige Weg geht bis zur nächsten Station ausschliesslich sehr steil im Zickzack bergan, so dass nur im Schritt gefahren werden kann. Oben ist eine kleine Station, wo aber nur im Sommer Pferde stehen. In einer mangelhaft überdachten Grube leben Pferde und Postknechte zusammen. Auch ein schriftkundiger alter Kerl wohnt dort, um die Nummer unserer Podoroschnaja in ein Buch einzutragen. An der Lage hängt ein Stück Fleisch, in der Ecke sieht man Spuren einer Feuerstelle; das scheint wirklich alle Lebensbedürfnisse der Leute zu befriedigen. Wir fahren jetzt auf einer 7000 Fuss über dem Meer gelegenen Hochebene. Der Boden ist tiefer reiner Tschernosem (чернозем).

Unser Reisegefährte sagt uns, hier oben auf den Bergen finde man allenthalben Tschernosem (чернозем), im Thal dagegen nirgends; das strömende Wasser muss ihn also dort wol weggespült haben.

Der Höhenzug am Horizont zu unserer Linken war die frühere türkische Grenze. Die Strasse ist sehr belebt; grosse Planwagen, mit 4 Pferden bespannt, begegnen uns in bedeutender Anzahl.

Wir fahren wieder sehr steil bergab und folgen darauf einem Flüsschen in's Gebirge hinein. Die Gegend ist sehr hübsch; steile Felsen zu beiden Seiten des Weges.

Um 5 Uhr Nachmittags sind wir in Abas Tuman, einem Badeort in spe. Die Quelle ist allerdings da: reichlich, schwefelhaltig, über 30° warm. Auf einer kleinen Ebene stehen 2 Pfosten mit der Aufschrift Базарная улица; dort sollen die Privathäuser hinkommen und um die Quelle her wird Alles Park werden, ein Cursaal in der Mitte etc. Ich wünsche dem neuen Badeort bestens Glück. Wenn es nur genügend Curgäste gäbe!

Es giebt wol auh jetzt schon Curgäste, nur nicht von der rechten d. h. von der zahlenden Gattung; kranke Soldaten werden im Menge von der Regierung hergeschickt. In langen grauen Arrestantenröcken, mit einem Gurt umbunden, gehen sie langsam und allem Anscheine nach sehr gelangweilt umher; ihre blassen Gesichter bezeugen, dass sie Grund haben, Heilung zu suchen.

Unser Nachtquartier liegt $\frac{1}{2}$ Werst weiter. Das Gebäude wird Kaserne genannt, es besteht aus 2 Zimmern mit einigen Feldbetten als Möbeln. Herr von Hagemeister hat hierher telegraphirt, damit Alles zu unserem Empfang bereit sei; das Telegramm ist aber nicht angekommen. Glücklicher Weise sind die Reitpferde, welche er uns entgegengeschickt hat, eben angekommen, und wir werden auf's Beste aufgenommen. Die Zimmer sind zwar recht feucht und kalt, aber ein loderndes Kaminfeuer macht sie bald sehr gemüthlich. Thee und ein am Spiess sehr schön gebratenes Huhn schmecken ganz vortrefflich. Ich werde mir zu Hause auch einen Bratspiess für meine Küche anschaffen.

Heute Morgen standen wir um 5 Uhr auf. Es gab an den Sattelgurten, Steigbügeln etc. recht viel zu repariren und zu ändern; um 6 Uhr waren wir aber glücklich im Sattel. Erst ging es das Thal entlang, dann bog unser Führer im spitzen Winkel nach links einen steilen Bergpfad hinauf. Immer hinauf ging es jetzt im Zickzack, zwei gute Stunden, den letzten Theil des Weges in einem undichten Nadelholzwalde: die Pinusart, welche ich bei Borshom gesehen, und Abies orientalis; sehr selten sah man auch eine andere Abies, die mir die Edel- oder Weisstanne (Abies pectinata D. C.) zu sein schien. Die Blicke von oben zurück waren herrlich: bewaldete Schluchten in allen Richtungen und je höher wir kamen, desto weiter schweifte das Auge über Bergspitzen und ganze Gebirgszüge hin.

Es hat etwas besonders Erhebendes, in so grosse Ferne zu schauen und Berge von oben herab zu betrachten; die Entfernung, die man übersieht, begreift man nur, wenn man bedenkt, wie weit die einzelnen Bergzüge von einander liegen müssen. Hohe, spitze Kegel bildeten in blauer Ferne gegen Süden den Horizont.

Es wird hier an Stelle des Reitweges eine kleine Chaussée gebaut, die Caravanenführer benutzen aber noch oft den alten Saumpfad. Wie Ziegen sehen wir die beladenen Pferdchen über Steinblöcke klettern, und wenn es auch langsam geht, gewinnen sie doch oft vor uns, die wir in rascherem Tempo dem Wege folgen, einen bedeutenden Vorsprung. Die Passhöhe der neuen Chaussée erreicht 7200 Fuss, aber nicht ganz die Kammhöhe des Berges. Einem Jeden, der Sinn für Naturschönheiten hat, rathe ich aber bis oben hinaufzusteigen. Nach hinten hin sehe man und nehme Abschied von den Bildern, die an Ausdehnung und Mannigfaltigkeit sich steigernd, einen bis hierher begleitet; nach vorne hin begrüsse man die Schneeberge des centralen Kaukasus, die, in ihren malerisch zackigen Formen, sich von hieraus besonders vortheilhaft präsentieren. Und dann ein Blick in's Thal, dem man sich für den Rest des Tages anvertraut! Es ist jäh wie ein Abgrund, bewaldet und dunkel; dort an der steilen Wand ist tief unten der Weg gebahnt und noch viel tiefer unten sieht man wieder die Krümmungen der kleinen Chaussée sich an den Felsen schmiegen. Nur am Seil glaubt man sich dort hinunterlassen zu können, und doch finden sich Schluchten und Grate, in die hinein und um die herum es möglich geworden, in ganz gelinder Senkung bis hinab zu gelangen.

Bevor wir weiter reiten, wird, etwa eine Werst unterhalb der Passhöhe, bei einigen kleinen Hütten Halt gemacht. Unser Führer hatte uns schon prevenirt, dass wir dort ein Frühstück finden würden: ein am Spiess sehr schön gebratenes Huhn, Brot, Wein, Eier schmecken uns vortrefflich.

Unser Wirth ist der Unternehmer (подрядчикъ), welcher die Chaussée baut, ein Grieche aus Trapezunt. Die meisten seiner Arbeiter sind auch Griechen, namentlich alle Handwerker, wie Steinbauer und Maurer. Die Grusiner, sagt er, seien zu schwach zu schwerer Arbeit und wenn es anfange zu regnen, liefen sie alle davon.

Der Nadelholzwald, — Abies orientalis — durch den wir reiten, ist auf grosse Strecken hin ausgestorben und oft auch abgebrannt. Wie Gespenster starren die nackten Stämme ohne Rinde, welche oft dicker und höher sind, als die stärksten Grähnen (Fichten) — Abies excelsa (D. C.) — bei uns. So traurig der Anblick auch ist, freue ich mich doch über die vortheilhafte Gelegenheit zu beobachten, nach welcher Seite die Faser dieses Baumes sich windet.

Bekanntlich kommt es oft vor, namentlich im höheren Alter der Bäume, dass die äusseren Holzschichten nicht gerade wachsen, sondern gewunden sind, so dass beim Spalten des Stammes keine ebene, sondern eine gewundene Fläche entsteht. Dieses erschwert bedeutend das Bearbeiten des Holzes, und Tischler zahlen daher einen weit höheren Preis für gerade gewachsenes Holz.

Ich habe die Gründe zu erforschen gesucht, welche dieses Winden der Holzfasern veranlassen könnten, und glaubte anfänglich, die Aeste des Baumes hätten das Bestreben, der Sonne in ihrem scheinbaren Gang um die Erde zu folgen; doch ist solches nicht richtig, da unsere Pinus silvestris und Abies excelsa (D. C.), welche ich vorherrschend zu beobachten Gelegenheit gehabt, sich in der entgegengesetzten Richtung winden, d. h. von links nach rechts. Nur sehr selten kommen Ausnahmen vor.

Eine Erklärung für diese Eigenthümlichkeit habe ich bisher nicht auffinden können; sie steht aber in offenbarem Zusammenhang mit derselben Eigenthümlichkeit bei Schlingpflanzen, welche sich auch vorherrschend nach rechts herum winden und nur in seltenen Fällen oder einzelnen Arten nach links.

Es scheint also, dass, wenn der Baum in höherem Alter schwächlich wird, die junge Holzfaser, welche sich dann bildet, nicht die Kraft besitzt, aufrecht zu wachsen, sondern sich um die inneren Schichten des Baumes windet, wie eine Schlingpflanze um einen fremden Stamm.

Die meisten der einigen tausend Bäume, Abies orientalis, welche ich hier ohne Rinde und geplatzt zu sehen Gelegenheit hatte, waren von rechts nach links gewunden. Ausnahmen waren aber sehr häufig. Meist befanden sich solche Stämme in Gruppen beisammen.

Lange blieb mir der Grund dieses allgemeinen Absterbens räthselhaft. Da sah ich einen Trupp Schindelmacher bei der Arbeit; sie spalten ihre sehr feinen und etwa einen Meter langen Schindeln oder Lubben mit grossem Geschick; das Holz scheint sich zu dieser Art Verarbeitung auch ganz besonders zu eignen. Um die gerade gewachsenen Bäume von den gewundenen, welche sie nicht brauchen können, zu unterscheiden, ziehen sie allen Bäumen in Manneshöhe rund herum die Rinde ab und da das Winden sich oft nur in den äusseren Holzschichten findet, während die inneren gerade gewachsen sind, so hacken sie die Bäume auch noch zur Hälfte an, was natürlich den Tod des Baumes zur Folge hat; denn zu anderem Gebrauch als zu Schindeln, scheint man bis hier hinauf nicht nach Holz zu kommen. Die einzige mögliche Art, von hier Holz in's bewohnte Thal zu schaffen, ist immer nur auf dem Packsattel des Saumpferdes.

Communicationsmittel und nochmals Communicationsmittel—das ist der Zauberstab, der aus einer Wildniss ein reiches Land macht. Namentlich hier, wo die Natur ihre Schätze stellenweise so reichlich aufgespeichert hat, während es nahezu unmöglich ist, sie an die Orte zu schaffen, wo sie gebraucht werden, kann man sich darüber klar werden, dass der Werth eines Naturproducts nur nach seiner

Verwendbarkeit bemessen werden darf. Wer das nicht thut, der kann sich hier nicht genug über die rücksichtslose Verschleuderung wundern, die mit dem Holz in den Waldregionen getrieben wird und wozu das eben angeführte Verfahren der Schindelarbeiter als gute Illustration dienen kann. In den letzten 2 Jahren scheint hier im südwestlichen Theil des Kaukasus sehr viel für die Wege gethan worden zu sein. Wenn solches auch zunächst aus strategischen Gründen geschehen ist, so wird es doch jedenfalls zur Hebung des Wohlstands im Lande beitragen. Man bedenke nur den Werth der Arbeitskraft, welche jährlich erspart und zu productiven Zwecken verwendbar wird, wenn man ein Fuder Waaren auf einem Wege verführen kann, anstatt es auf dem Rücken mehrerer Lastpferde längs den alten Saumpfaden über die Berge schaffen zu müssen. Und wie viele werthvolle Producte gehen nicht ganz nutzlos verloren, weil es die Mittel der Landesbevölkerung übersteigt, den Transport zu bewerkstelligen.

Von diesem Wege in der engen Schlucht aus giebt es keine Fernsichten mehr, dagegen wunderschöne Blicke in Seitenthäler mit schäumenden Bächen im Grunde, namentlich aber, am eigenen Steigbügel vorüber, hinunter in die Schlucht. Die Bilder sind sehr mannigfaltig, — ich kann sie nicht alle beschreiben. Die Bäche sind bald weisser Schaum auf losem Steingeröll, bald eine Stromschnelle auf glatter Felsplatte oder ein Wasserfall, hier von Felsen, dort von üppiger Vegetation eingerahmt. Die neue kleine Chaussée, welche fast ganz beendigt ist, giebt einem durch die Möglichkeit bequem und gefahrlos weiter zu kommen alle Musse, die Schönheit der Natur zu geniessen.

Wer nicht Gelegenheit gehabt hat, auf solchen Pfaden, wie

der hier von Serpentine zu Serpentine direct führende alte Saumpfad es ist, zu reiten, der wird nicht glauben wollen, dass die Spuren wirklich von Pferden herrühren könnten, bis er einer kletternden Caravane selbst begegnet. Der Nadelwald hat aufgehört; die Ueppigkeit des Laubholzes übersteigt alles, was ich bisher gesehen habe. Die hohen Bäume sind meist Rothbuchen, aber immer in sehr weiten Abständen von einander; nirgends habe ich einen Bestand gesehen, der nur annähernd an die Forste Deutschlands erinnert hätte, z. B. an die sogenannten heiligen Hallen bei Tharand. Dagegen sind es hier ganz anders mächtige Stämme; einen der dicksten habe ich gemessen: er hatte in Schulterhöhe über dem Boden einen Umfang von $5\frac{1}{2}$ Meter, gleich 18 Fuss englisch. Wie gedrechselt gerade steigen diese hellgrauen Säulen zu bedeutender Höhe hinauf; auch kräftige Rüstern sah ich und einzelne Eichen. Das Unterholz bilden vorherrschend Rhododendronbüsche, die oft in zusammenhängenden Feldern, so weit man sehen kann, die Bergwand bedecken. Ihr glänzendes dunkelgrünes Laub ist ein prachtvoller Anblick; was muss es erst sein, wenn im Frühjahr das Alles ein Blüthenmeer ist! Aber in solchen Dickichten gehen zu müssen, wünsche ich keinem. Ich hatte kaum 10 Schritte zu machen, um die grosse Buche zu messen; die Aeste oder halb kriechenden Stämme des Rhododendron und des ebenfalls häufigen Lorbeer sind 2 bis 3 Faden lang und schweben 3 bis 4 Fuss hoch in mehreren Schichten über dem Abhang; die Blätter bilden eine für das Auge undurchdringliche Decke, aber der Fuss sinkt in unberechenbare Tiefen. Fasst man mit der Hand nach dem nächsten Zweig, so sitzen einem die zurückgekrümmten Stacheln der Brombeerstaude in der Hand; man sucht auf den Aesten reitend die aufrechte Stellung und das Gleichgewicht zu erhalten und hat die Stacheln eines versteckten Rosenstrauchs in beiden Schenkeln. Dabei ist der Hang so steil, dass man niemals weiss, ob man 4 Fuss oder erst 400 Fuss unter sich festen Boden zu vermuthen hat. In solche Dickichte und hinter unerklimmbare Felswände haben sich die Bergvölker vor ihren Verfolgern verkrochen, um auf einsamer Alpenweide ein kümmerliches Dasein zu fristen. Bei so vollständig gehemmtem Verkehr haben sich denn auch die zahlreichen Völker des Kaukasus Jahrhunderte hindurch unvermischt erhalten oder zu besonderen Stämmen ausbilden können. Durch die schwierigen Lebensverhältnisse und die ewigen Kämpfe untereinander ist die Lebenszähigkeit und körperliche Leistungsfähigkeit in Bezug auf Gewandtheit, Schärfe der Sinne und die damit zusammenhängende Schönheit der Gestalt so hoch entwickelt worden, dass wir, wol von Eifersucht getrieben, wenn wir diese wohlgebildeten gelenkigen Gestalten sehen, uns selbst als von Kaukasischer Race abstammend, zu nennen belieben. Aber so sehr der Adel in den marquirten Zügen dieser schwarzäugigen Kerle auf den ersten Blick auch hohe Bewunderung in uns erweckt, müssen sie, wie der Araber der Wüste seit langen Generationen nur im Handhaben der Waffen geübt, erst bedeutende Modificationen erleiden, ehe sie zu schwerer Arbeit tüchtig werden.

Die dichten Wälder, in welchen wir eben reiten, waren den russischen Truppen bei der Eroberung des Landes auch die grösste Schwierigkeit und trotz Kälte und Schnee wurden die meisten Expeditionen im Winter gemacht, denn im undurchdringlichen Dickicht versteckt sandten die Bergbewohner ihre wohlgezielten Kugeln auf die einzeln dem schmalen Stege folgenden Soldaten und streckten Mann auf Mann nieder, ohne dass auch nur ein einziger von ihnen gesehen werden konnte. Wie anders sind die Gefühle, mit denen es mir vergönnt ist, dieses Dickicht zu betrachten und mich an seiner Ueppigkeit zu erfreuen.

Jetzt nimmt der Fluss, zu dem wir herabgestiegen waren, wieder auf längere Zeit von uns Abschied; in einem prachtvollen Wasserfall zwischen schwarzen Felsen stürzt er in die Tiefe. Hinter dem dichten Laube versteckt, mag er noch mehrere Wasserfälle bilden, denn wir steigen noch lange bergab, bevor wir ihn wieder erreichen.

Da hat ein Erdrutsch die neue Chaussée mit fortgerissen, mir wird bange auch hinabzugleiten, ich steige ab und führe mein Pferd an der Hand über den kaum fussbreiten Pfad.

Wir hatten gegen 20 Werst von der Passhöhe bis zu einem Ort zu reiten, wo ein Mittagessen für uns bereit stehen sollte. Wir glauben schon reichlich so weit geritten zu sein; unser Führer ist nachgeblieben, — wir sind vielleicht schon unbemerkt an dem Ort vorübergeritten.

Da sehe ich ganz zufällig in einiger Entfernung vom Wege hinter Bäumen etwas, was mir das Dach eines Hauses zu sein scheint; ich besinne mich, dass vor kurzem ein Steg vom Wege abbog, welcher dorthin führen könnte.

Wollen wir jedenfalls versuchen zu diesem Hause zu gelangen und nach unserem Mittagsquartier fragen.

Aber M. will nicht wieder zurück, es kostete mir viel Mühe ihn zu überreden. Aber o Freude! Das weisse Tischtuch einer gedeckten Mittagstafel leuchtet uns durch die offene Thüre des zweiten Stockwerks entgegen. Sehr bald erschien Thee, darauf zwei sehr schön am Spiess gebratene Hühner; sie schmeckten vortrefflich und wurden von uns vollständig vertilgt. Am Abend ein am Spiess gebratenes Huhn, am Morgen auch ein am Spiess gebratenes Huhn, zu Mittag zwei am Spiess gebratene Hühner, und immer sehr gute. Aber wenn ich mir für meine Küche einen Bratspiess werde angeschafft haben, soll der erste Braten, der daran gebraten wird, nicht wieder ein Huhn sein.

Wir lassen unsere Pferde 2 Stunden ruhen; ich schreibe mein Tagebuch und folge für einen Augenblick M-s Beispiel, indem ich etwas schlafe. Dann geht es mit frischen Kräften vorwärts, immer bergab.

Das starke Holz im Walde wird seltener; wir sehen Arbeiter, welche viereckig behauene Stämme an langen Stricken von oben zum Wege herablassen; es mischen sich noch viele andere Baumarten in dem Walde, Kastanien mit ihren stachligen Früchten, verschiedene Arten Ahorn, Eschen etc.

Bald hört das starke Holz ganz auf: wir passiren eine Rödung. Die verkohlten Stubben stehen noch alle da. Zwischen solchen Wurzeln und bei dem unendlich abschüssigen Terrain muss das Ackern dieses Feldes selbst mit einer Hacke sehr mühselig gewesen sein; aber der Mais steht vortrefflich, über 16' hoch; die Stämme sind so dick und die Blätter so breit, wie unsere Gärtner es auf den gepflegtesten Riesenbeeten niemals erzielen.

Die Rödungen werden häufiger; auch Tabakpflanzungen kommen vor. Die Sorgfalt, mit der sie gepflegt sind, zeugt davon, dass es schon seit lange hier im Orient für die Qualität dieser Waare Kenner giebt, welche die auf die Cultur verwandte Sorgfalt zu bezahlen wissen.

Wir haben noch 22 Werst zu reiten; es ist herrlich schön, aber sie werden uns sehr lang, diese letzten 22! M. ist weit hinter mir zurückgeblieben. Die Sonne geht unter; schwere Wolken ziehen herauf; es wird stockfinster, der Weg führt wol in einem ebeneren Thal, der Fluss liegt aber doch noch so viel tiefer, dass ein Hinabstürzen sehr schlimm wäre.

An dieser Seite des Weges darf ich also, da kein Geländer da ist, im Dunkeln nicht reiten; auf der anderen Seite giebt es Felsen, von denen Brombeerstauden und Kletterrosen herabhängen. Sie schienen mir noch eben sehr malerisch und hübsch, jetzt berührt eine in höchst unangenehmer Weise meine Wange; ich darf also auch auf der anderen Seite des Weges nicht reiten, die Dornen würden mir unvermeidlich die Augen auskratzen.

In der Mitte der kleinen Chaussée liegt aber frische Schüttung gehackter Steine; mein Pferd ist unbeschlagen, lahmt etwas und stolpert auf diesen Steinen bei jedem Schritt. Aber da hilft nichts; den Zügel möglichst stramm in der einen, die Nagaika in der andern Hand, treibe ich es so rasch wie möglich vorwärts, denn es wird offenbar gleich ein schrecklicher Platzregen sich über mich ergiessen; Blitze zucken schon unaufhörlich. Ich hoffe gleich in Bagdad zu sein, wo eine Equipage uns erwartet. Aber wie werde ich erfragen, wo sie steht? Vielleicht kennt mein Pferd das Wirthshaus. Endlich schimmern kleine Lichter vom jenseitigen Ufer des Flusses herüber, aber die Häuser scheinen alle vereinzelt in grossen Gärten zu liegen.

Ich reite über ein Brücke; da leuchtet ein heller Blitz auf und ich sehe, dass ich eben an einem Hause vorübergeritten bin, vor dem eine abgespannte Kalesche steht. «Ist das der Wagen, den der Staatsrath Hagemeister mir entgegengeschickt hat»? frage ich mit lauter Stimme in die Dunkelheit hinein. Aber wie soll ich die Antwort verstehen? Sie bei der Finsterniss von den Lippen abzusehen, ist unmöglich. Zum Glück war die Antwort von einer unzweideutigen Handlung begleitet; ein Mensch kam diensteifrigst auf mich zu, fasste den Zügel meines Pferdes mit der Linken und den Steigbügel mit der Rechten. Es ist also offenbar ein sachverständiger Kutscher; wir verstehen uns vollkommen; ich steige ab und sage ihm an, die Pferde zu schirren, damit wir sobald der Baron M. ankommt, gleich weiter fahren könnten. Er antwortet und scheint dagegen etwas einzuwenden. «Ich bin taub, guter Freund, und höre nichts von dem, was du sagst, komme näher ans Licht, damit ich die Bewegungen deiner Lippen sehen kann, dann werde ich dich vielleicht verstehen». Aber er hilft sich anders, mit der einen Hand fasst er sich an der Kehle und mit der andern macht er höchst energisch die Pantomime des Erdolchens. Ich musste lachen; er bemühte sich aber um so mehr abwechselnd Ausdruck und Geberde des Erdolchenden und des Erdolchten anzunehmen.

«Meinetwegen, bleiben wir also die Nacht hier; aber um die 40 Werst bis Kutais vor dem Kaffee zurückzulegen, wollen wir um 5 Uhr Morgens ausfahren». Nach mehr als einer halben Stunde langte M. auch glücklich an, wir beriethen noch wiederholt, ob nicht doch gleich gefahren werden sollte, liessen dem Kutscher aber schliesslich doch seinen Willen. Blitz auf Blitz erleuchtete das dichte Ellerngebüsch, in welchem, wie mir M. sagte, Grillen einen so merkwürdig lauten Lärm machten, dass sie den rauschenden Fluss, welcher in lauter Stromschnellen über grosse Felsblöcke floss, übertönten.

Die Luft war feuchtwarm und bildete einen auffallenden Contrast gegen die trockene Hitze bei Tiflis. Der eigenthümliche Sinnesreiz, welcher in jüngster Zeit dem Ozon-Gehalt der Luft zugeschrieben wird, dieses erhebende Gefühl, das man am Stärksten beim Gewitter empfindet, wenn der warme

Wind einem um die Schläfen weht und die Brust sich hoch hebt, um den belebenden Odem in vollen Zügen zu trinken. Es hielt uns noch lange auf dem Balkon und alle Müdigkeit war vergessen. Hier also ist das gelobte Land des Kaukasus: das Rionthal, die alte Kolchische Ebene.

Brief XII.

Nowo Senaky (Ново Сенаки) den $\frac{8}{IX}$.

Am $\frac{5}{IX}$ präcise 5 Uhr fuhren wir aus Bagdad ab. Selbst in dieser frühen Morgenstunde war die Luft warm; es hatte in der zweiten Hälfte der Nacht stark geregnet und ein dicker Nebel verhüllte jetzt Alles. Die Chaussée führt in schnurgerader Linie etwa 15 Werst weit durch den Wald, in welchem unser Kutscher am Abend vorher so sehr gefürchtet hatte Räubern zu begegnen. Er erzählte uns, dass ein Kaufmann den ganzen Wald für 40,000 Rub. gekauft habe. Die gute Ordnung, in welcher dieser Wald gehalten wird, im Gegensatz zur Miswirthschaft, die wir eben in den Bergen gesehen, ist ein Beweis dafür dass gesicherter Privatbesitz und die Möglichkeit das Holz zu verwerthen die erfolgreichen Mittel sind, die Wälder zu erhalten. Dagegen vermögen die strengen Gesetze, welche das Fällen der Cedern auf dem Ural, zum Sammeln der Cedernüsse, verbieten sollen, es nicht zu hindern, dass zehntausende von Pud Cedernüsse alljährlich dem russischen Volk als Naschwerk dienen, welche niemals in anderer Weise gepflückt werden, als dass der Baum dazu umgehauen wird.

Ich habe nirgends so reine Eichenbestände gesehen als in diesem Walde; aber ähnlich wie in den Bergen stehen die starken Bäume sehr weit von einander und ist der Boden mit undurchdringlich dichtem Unterholz, auf lange Strecken oft ebenfalls ausschliesslich Eichen, bedeckt. Nur selten kamen Buchen vor und dann gewöhnlich ebenfalls in reinem Bestand, grosse Gruppen bildend. Darauf folgten Felder, meist riesig hoher Mais, mitunter imeretinische Hirse, den Mais an Höhe noch übertreffend, ihm auch sonst zum verwechseln ähnlich, nur ist der Stiel weit dünner und gleicht mehr dem Schilf. Noch eine andere Art Hirse war häufig, hier Komija genannt, aber mit der Pflanze, die ich in den tschetschenzischen Bergen angebaut gesehen habe und die hier als Gras allenthalben wächst, nicht zu verwechseln. Die Komija-Hirse wächst etwa so hoch wie Weizen; die Früchte bilden einen einzigen fusslangen Kolben, der, wie ein weicher Wollenquast umgebogen, hinunterhängt. Für gewöhnlich sollen hier die Felder zwei Ernten jährlich geben, erst Weizen und darauf Mais.

Menschliche Wohnungen waren häufig und meist zu kleinen Dörfern gruppirt. Gegen 8 Uhr langten wir in Kutaïs an. Wir gingen gleich zu Herrn von Hagemeister. Am Ende der Strasse, in welcher sein Haus liegt, sah ich Jemanden mit raschen Schritten gehen.

«Das muss Hagemeister sein» sagte ich, «kein eingeborener Städter wird so schnell gehen.»

Er war es auch wirklich. Er machte uns gleich einen Plan für den Tag und liess uns, als seine Geschäfte ihn abriefen, von seinem Secretair begleiten.

Von einem Berge aus, auf dem eine alte Klosterruine stand, übersieht man gut die ganze recht cultivirte Gegend; zwischen Feldern stehen allenthalben einzelne Bäume, es sind Wallnuss- Feigen- und namentlich Maulbeerbäume. Was die Stadt anbetrifft, so habe ich niemals so viel defecte Dächer und zerfallene Schornsteine beisammen gesehen wie hier. Wir fahren auch zum Hause, welches in 2 Monaten für S. M. den Kaiser erbaut wurde, als er, ich glaube 1863, hier war; im Jahre 73 hat er dasselbe Haus wieder bewohnt. Die feuchtwarme Luft und die fast täglichen Regen vertragen sich schlecht mit dem Styl des slavischen Holzschnitzwerks; fast Alles ist schon abgefallen, und die Veranda, welche um das ganze Haus läuft, ist, obgleich gestützt, nicht mehr betretbar. Durch die zerschlagenen Fensterscheiben sieht man den abfallenden Bewurf der Lagen und Wände. Vor dem Hause soll ein sehr schöner Lorbeerbaum gestanden haben, der aber ausgegangen ist, und auf der anderen Seite des Hauses, am Fluss, eine prachtvolle Eiche, unter der Seine Majestät oft gesessen hat; ein besonders starkes Hochwasser hat aber ein grosses Stück des Ufers mit der Eiche weggerissen.

Wir besuchten auch einen Garten, der früher eine Baumschule gewesen ist, namentlich aber den Zweck hatte, Weingärtner zu bilden. Er kostete der Regierung sehr viel, aber scheint den Erwartungen durchaus nicht entsprochen zu haben; man entzog der Verwaltung das Geld; darauf übernahm die Stadt diesen Garten, doch scheint jetzt offenbar wenig oder gar nichts mehr für ihn zu geschehen.

Man zeigte mir einen Baum, Selkwa (селква), dessen Holz besonders fest sein soll. Die Blätter sind klein, aber gleichen sonst denen der Buche, im Wuchs gleicht der Baum auffallend unserer Weisseller. Man erkennt ihn leicht daran, dass er, wie Platanen, die Rinde abwirft, nur in weit geringerem Grade. Die junge Rinde ist an den Stellen, wo die alte abgesprungen, von grell gelber Farbe. Das Holz ist, wenn es trocken ist, röthlich, an Mahagoni erinnernd; ein polirtes Bett aus diesem Holz sah aber graugelb wie schlecht gebeiztes Eschenholz aus. Wir fuhren auch zum Kloster Galati; der Weg erwies sich aber als unfahrbar und wir mussten zu Fuss hinaufsteigen; ein etwas warmes Unternehmen während der Mittagshitze.

Thielmann sagt in den vortrefflichen Schilderungen seiner

Streifzüge, die Aussicht von der Terasse des Klosters sei die schönste des Kaukasus.

De gustibus non disputandum est.

In der Schatzkammer wurden uns einige mit kleinen Perlen benähte Mützen und Schärpen gezeigt; dann machten wir uns wieder auf den Heimweg. Unser Kutscher regalirte uns mit dem Rest seines Frühstücks, gerösteten halbreifen Maiskolben und Wein aus, wie man behauptete, wilden Trauben. Dass die Trauben ohne jegliche Pflege ihre Früchte tragen müssen, ist jedenfalls richtig. Der Wein war sehr trinkbar und bedeutend besser als der, welchen man in den Schenken der Bourgogne, als *du vin ordinaire, au litre* verkauft. Wir hatten einen recht tiefen Fluss zu passiren. Ein Transport Steinkohlen auf Büffelkarren (apба) kam eben vorüber, die Büffel wurden ausgespannt und stürzten mit einem Sturm in den Fluss. Ich habe den Ausdruck gemächlichen Behagens niemals in einem so hohen Grade bei Thieren zu sehen Gelegenheit gehabt. Erst eben im holpernden Galopp, lagen die 50 oder 60 riesigen Thiere jetzt fast regungslos im Wasser; von einigen sah man nichts, als die weit geöffneten Nüstern über die Oberfläche hervorragen, andere bewegten langsam den Kopf und schoben Wellen des kühlenden Elements über Körpertheile, die unter die Oberfläche zu versenken, ihnen nicht gelingen wollte. Die nasse, glänzende, fast gänzlich unbehaarte Haut, und die langsamen Bewegungen dieser ohnehin plumpen Körper gaben dem Bilde, ich möchte fast sagen, etwas Vorsündfluthliches. Als die Nilpferde einst in unseren Flüssen, der Kühlung bedürftig, badeten, mag es ähnlich ausgesehen haben.

Ich habe den Büffelwagen (apба) noch nicht beschrieben; es ist das primitivste Räderfuhrwerk, das ich kenne; die beiden grossen Räder sind meist massiv aus Planken gezimmert, aber wenn sie auch Speichen haben, drehen sie sich nicht um die Achse, sondern wie bei dem Eisenbahnwaggon sitzen sie beide fest aufgekeilt an der Achse und die Achse dreht sich zwischen einem unabgehauenen Aststummel und einem davor eingeschlagenen Zapfen der Fiemern, die vorn zu einer Joch-Deichsel zusammenlaufen. Das Gequiek soll ohrenzerreissend sein. Und damit werden Steinkohlen gefahren! Ich will hoffen die Zeit noch zu erleben, dass die Büffel im Waggon sitzen und die Steinkohlen sie ziehen.

Zu Mittag speisten wir bei Herrn von Hagemeister. Er hatte die Aufmerksamkeit, uns lauter einheimische Gerichte vorzusetzen: Frischen Kaviar aus der Kura, Tomatensuppe, Reis mit gesottenem Huhn, Erdäpfel, topinambours, mit Käse gebacken, wie ein livländisches Kartoffelpfannchen, sehr zu empfehlen, Truthahn mit Kirschensalat etc. Zum Dessert Trauben, so süss und würzig, wie ich sie noch niemals gegessen, dazu Imeretiner Wein, der uns vortrefflich schmeckte und vor dem Kachetiner den Vorzug hat, nicht so schwer zu sein.

Am $\frac{6}{XI}$ begleitete ich meinen lieben Reisegefährten M... zum Bahnhof. Er musste schon nach Hause eilen und nahm den kürzesten Weg zurück über Tiflis.

Für die 8 Tage, die ich noch hier verbringen will, hat mir Herr von Hagemeister die Marschroute entworfen; ich werde einen Ausflug nach Sugdidi (Зугдиди) machen und dann über Osurgeti (Озуреты) und Nikolaewskaja (Николаевская) nach Poti gehen, von wo am Dienstag das Dampfschiff in die Krim geht, das mich mitnehmen soll. Wenn mir das «нѣтъ лошадей» (keine Pferde!) nur nicht einen Strich durch die Rechnung macht! Nachdem M. abgereist war, überbrachte ich dem Fürsten Zeretelli mein Empfehlungschreiben. Er war so liebenswürdig, nicht weniger als 9 Empfehlungsbriefe für mich zu schreiben; ich nahm sie mit vielem Dank an, denn ich habe es schon erfahren, dass man hier im Lande ohne Protection, als einfacher Privatmann, vollkommen verloren ist.

Diese Familie Zeretelli will von Genueser Geschlechtern stammen, aus der Zeit als die colchische Ebene mit dieser Metropole des Handels in regem Verkehr stand und den Weg in's innere Asien für ganz Europa bildete.

Um 6 Uhr ging mein Zug ab; wie alle Abend, gewitterte es heftig; Blitze zuckten in allen Richtungen, während der Regen erst in der Nacht folgte. Ich schlief auf der Poststation des Dorfes Nowo-Senaki, in einem Zimmer von $1\frac{3}{4}$ Faden Länge und $1\frac{1}{2}$ Faden Breite mit drei anderen Reisenden zusammen, bei nur einem Holzdivan als einzigem Möbel, welches der Zuerstangekommene einnahm, während wir auf der Diele lagen. Das Fenster blieb die ganze Nacht hindurch offen; dennoch sank mein Thermometer nicht unter $19\frac{1}{2}°$ Reaumur.

Um 6 Uhr Morgens, im frischen Morgenwinde bei Nebel draussen frei aufgehängt, zeigte er $17°$ Reaumur.

Diese lauliche, feuchtwarme Morgenluft athmet sich mit besonderem Behagen.

Die Diligence ist vor der Thüre.

Nach Sugdidi!

Brief XIII.

Osurgeti (Озуреты) den $\frac{10}{XI}$ Sonntag.

Ich wollte schon um 3 Uhr Morgens aus Nowo-Senaki nach Зугдиди ausfahren, der Posthalter rieth mir aber davon ab; ich würde trotz meiner Kronspodoroschnaja doch keine Pferde bekommen, um 8 Uhr gehe aber die Diligence dorthin ab, mit der sei ich sicher anzukommen.

Ich fuhr also mit dieser Diligence II-ter Classe, einer Art verdecktem char-à-bancs. Die 6 Plätze waren alle besetzt; für Gepäck gab es gar keinen Raum. Für's Reisen zu Pferde eingerichtet, führt hier auch Niemand viel mit sich, ein paar Sattelsäcke, eine Burka, allenfalls einen Teppich und ein Kopfkissen; doch auch davon musste viel auf dem Schooss gehalten werden.

Gegen 30 Werst fahren wir in fast schnurgerader Richtung und ohne die geringste Steigung der Chaussée.

Dichtes Gebüsch von Weissellern mit rankendem Hopfen bedeckt die sumpfige Ebene. In beiden Chausséegräben steht Wasser; alle sonstigen Gruben, aus denen man Erde zum Bilden des Chausséedamms genommen hat, sind auch voller stehenden Wassers. Mitunter sieht man die Berge zu unserer Rechten; zur Linken scheint die Ebene sich weithin auszudehnen. Wir passiren oft Flüsschen auf sehr verfaulten und baufälligen Brücken, mehrere sind ganz eingestürzt und man muss nebenbei durch den Fluss fahren. Auf dem Kiesgrunde des Flusses ist das Fahren gar nicht so schlimm, aber das Verlassen der Chaussée und die einigen 50 Schritt im tiefen Lehm, bis es wieder gelingt auf den hohen Chausséedamm hinauf zu kommen, sind geradezu gefährlich. Bei einem grösseren Fluss war die bisherige Fähre durch eine neue Brücke ersetzt; die Brücke war vortrefflich, aber an einer anderen Stelle gebaut, als wo die Chaussée an das Ufer kam. Wie die Reisenden und auch unsere Diligence von der Chaussée bis zur Brücke kommen sollen, das scheint weder die Ingenieure, welche die Brücke gebaut, noch diejenigen, welche mit dem Chausséedamm zu thun gehabt, etwas anzugehen. Und schlimm genug war die Passage; die Pferde versanken bis über den Bauch und die Bewegungen des Wagens waren dem entsprechend.

Das Ellerngebüsch war sehr dicht, aber nur etwa 25 Fuss hoch; ab und zu starrte aus diesem Dickicht das Geripp eines hohen Baumes ohne Rinde und Aeste empor; einige von ihnen schienen Eichen zu sein. Den Grund dieses allgemeinen Aussterbens eines früheren Hochwaldes habe ich nicht entdecken können; da es ganz gleichmässig auf beiden Seiten des Weges der Fall war, konnte es nicht das Stauwasser des Chausséedammes sein, welches solches veranlasst hatte.

Von Zeit zu Zeit sah man ein halbes Dutzend frischer blühender Kinder auf der Chaussée sitzen und konnte dann hinter dichtem Gebüsch am Graben eine kleine Lichtung sehen, auf der, immer noch unter Bäumen, Mais wuchs. Ein paar kleine Strohdächer liessen Häuser mehr vermuthen als sehen. In einer Ecke wucherten Weinreben auf den Ellern, so dass man vor Weinlaub die Ellernblätter nicht sah. Ein Zaun umgab das Ganze; dann stand noch allenfalls ein mageres Schwein am Graben mit einem langen Knüppel, der aufrecht am Halse angebunden war, damit es nicht durch den Zaun kommen könne;—und wieder sah man nichts als Ellerndickicht mit Hopfen.

Ich musste bei diesen kleinen Ansiedelungen an den Ausspruch des frommen Aeneas denken: «Eben und neue Gefild' betrieb die geschäftige Jugend.» Wo die Kinder so frisch und rosig gedeihen, da wird es fleissige Arme geben;— wir können den Ansiedelungen daher das beste Gedeihen prophezeien.

Gegen 11 Uhr fahren wir das rechte Ufer eines Flusses recht hoch hinauf und befinden uns in einer trockeneren Hochebene. Ausgehauener Wald wechselt mit grossen Grasfluren, die stellenweise etwas den Character der Steppe annehmen.

Noch eine Stunde Fahrt und wir nähern uns Osurgeti (Озуреты). In beiden Chausseegräben fliesst klares Wasser. Wir fahren in die Stadt. Der Weg theilt sich in 2 breite Strassen. In der Mitte neben den beiden Gräben, in welchen das Wasser murmelt, führt eine schattige Allee von 4 Reihen Platanen und Akazien, mehr als eine halbe Werst lang. Männer und Weiber haben auf Eseln die Landesproducte zum Markt gebracht und die schattige Allee bildet «les halles centrales» des Ortes. In einem recht jämmerlichen Gasthaus stelle ich meine Sachen ab und schicke meinen Diener gleich, um Plätze für die am Nachmittag zurückkehrende Diligence zu belegen. Aber für heute und die beiden nächsten Tage sind schon alle Plätze besetzt; Postpferde können wir auch nicht vor dem andern Morgen 10 Uhr bekommen, und um 10 Uhr 24 Minuten schon geht mein Zug; wenn ich den verfehle, muss ich die ganze Tour nach Osurgeti aufgeben. Jetzt gilt es noch heute 4 Reitpferde auftreiben.

Im Wirthshaus nennt man uns einen Pferdevermiether; wir finden ihn auch richtig nach einigem Suchen; er besitzt aber nur ein Pferd; mit ihm zusammen wurde die ganze Stadt durchsucht; um 4 Uhr hatten wir endlich 3 Pferde aufgetrieben, ein viertes war absolut nirgends zu haben. Da ich sehr wenig Sachen mit hatte, konnten wir sie zur Noth auch auf unsere Reitpferde vertheilen. Für diese 3 Pferde verlangten die Leute Anfangs 30 Rubel; nach entsprechendem Handeln waren sie aber auch mit 9 Rub. zufrieden.

Bevor ich ausritt, besah ich noch den Garten des Fürsten Mingrelski, der am Ende der Allee liegt. Der Garten war gross; Bäche und kleine Teiche mit klarem Wasser aus den Bergen tränkten den Boden und der Rest dieses Wassers war es, der in den Chausséegräben erst alle Haushaltungen des Ortes mit Wasser versorgte, um darauf dem ankommenden Reisenden schon auf dem Wege einen erquickenden Eindruck zu bereiten und zu sagen, dass er sich einem gepflegten Wohnort nähere.

Das alte geräumige Wohnhaus ist anspruchslos und sogar baufällig. Der Fürst Mingrelski lebt vorherrschend in Petersburg. Neben diesem Hause ist aber eben ein neues steinernes Schlösschen in orientalischem Styl gebaut worden und bis auf das Innere fast beendigt. Der Effect ist sehr hübsch; gegen die dunkelgrünen Bäume des Gartens heben sich die blendend weissen Mauern besonders vortheilhaft ab, und machen einen Eindruck von Neuheit und Reinlichkeit, den ich hier im Lande schon lange vermisst.

«Wäre doch Jemand hier, der mir die vielen verschiedenen Bäume im Garten nennen könnte», sagte ich halblaut; da öffnete sich ein grosser Magnoliabusch, ein deutscher Gärtner legte die Magnoliasaat, die er eben gesammelt, aus der Hand, nahm mein Taschenbuch und schrieb mir die Namen aller Pflanzen auf, nach denen ich fragte.

Magnolia grandiflora. Der Baum stand frei auf ebenem

Rasen, etwa 25 Fuss hoch, bis an die Erde kräftig beastet und mit dichtem Laub grosser dunkelgrüner Blätter bedeckt; obgleich mit reifen Saatkapseln behängt, trug der Baum noch mehrere seiner prachtvollen Blüthen, einer riesigen Tulpe oder noch mehr der Wasserlilie gleichend, etwa 5 Zoll hoch und wenn ganz geöffnet, 8 bis 10 Zoll im Durchmesser, von dem zartesten Weiss und einen besonders aromatischen, sehr feinen Duft verbreitend.

Der Ginka-Baum oder Salisboria conifera. Eine Larix-Art mit besonders feinen Nadeln, welche im Winter abfallen; sonst gleicht der Baum ebenso der Cypresse, wie die gewöhnliche Lerche der Abies excelsa (DC).

Der Johannisbrotbaum.

Der Kirschlorbeerbaum.

Eine Babylonia.

Der Quittenbaum mit seinen einem grossen Kantapfel gleichenden Früchten.

Der Tulpenbaum, Cysslomeria Japonica.

Der Zuckerahorn mit gekerbter Rinde, die wie Korkrinde aussieht und mehr als zollweit, so flach wie ein Hahnenkamm, an den jüngsten Trieben haftet.

Die Korkeiche etc. etc.

Ich fragte nach Früchten. Pfirsiche sollen nicht gedeihen; Aepfel erwiesen sich als höchst jämmerlich; Trauben fanden wir an Ranken, die in hohem Unkraut versteckt auf der Erde lagen, es war dieselbe aromatische Traube, welche ich schon in Kutaïs gegessen und auch hier auf dem Markt hatte kaufen können.

Der Ritt nach Nowo-Senaki war nichts weniger als angenehm. Als ich mein jämmerliches Pferdchen bestieg, wäre es fast umgefallen. Etwas lahm, gegen Nagaikahiebe vollkommen apathisch, nur wenn ich von der einen und mein Diener von der anderen Seite peitschten, setzte es sich in Trab; ein wahrer Liliputanertrab, der auch nicht dauerte; aber im Schritt ging es. Wir brauchten für 42 Werst 8 Stunden und langten recht müde um 2 Uhr Morgens in Nowo-Senaki wieder an. Mit einiger Mühe bewirkte ich Einlass in das kleine Passagierzimmer der Poststation, wo andere Reisende sich eingeschlossen hatten.

Um 10 Uhr ging der Zug ab und brachte mich in glühendheissen Waggons nach Samtredi (Самтреди). Ich lief gleich zur Post, um der Erste zu sein, welcher nach Pferden fragte. Es galt rasch vorwärts zu kommen; ich sollte unterwegs noch einen Besuch beim Fürsten Eristow machen, und um morgen früh aus Озуреты weiter zu kommen, mussten die Reitpferde dort noch heute Abend bestellt werden.

Die Station war aber leer; Pferde gab es wol im Stall, aber keine Menschen. Nach einer halben Stunde Schreiens und Wartens erschien endlich anstatt des Klagebuches die Troika.

Auf einer entsetzlich holperigen Chaussée ging es verhältnissmässig rasch vorwärts. Wir fuhren über einen Fluss auf einer Flossbrücke, da die stehende Brücke eingestürzt war.

Die Ebene war bis hierher meist bebaut, vorherrschend Mais, doch kamen auch ungeackerte Strecken häufiger vor. Hin und wieder sah man einzelne Maulbeerbäume. Hier und da an einem trockenen Ellernstamm rankte ein Weinstock.

Wir fahren wieder ins Gebirge. Es ist der sogenannte kleinere Kaukasus Mingreliens. Die Chaussée wird entsetzlich; Gruben von 2 und 3 Fuss Tiefe mit grossen aus dem Grunde herausgegrabenen Steinblöcken. Stellenweise wird der Weg gebessert, das heisst man schüttet $\frac{1}{2}$ Fuss hoch gehackte Steine darauf, doch hält das nicht vor, nachdem er einmal so weit durchgefahren worden; was gestern frisch beschüttet ist, wird heute schon von Kanonen, die alle Tage passiren, wieder durchwühlt. Da kommt uns auch eine Batterie entgegen; die armen Pferde keuchen und recken sich; es freut mich aber sehr, eine aus dem Kriege kommende Batterie in so musterhafter Ordnung und gutem Zustande zu sehen; Geschirr und Pferde sehen besser aus, als ich es bei den per Eisenbahn aus Frankreich zurückkehrenden Truppen 1871 in Berlin sah. Unter den Leuten fallen mir viele stämmige Gestalten auf; es scheinen meist Kleinrussen zu sein; sie sind reinlich und ordentlich gekleidet, meist in weissen Hemden. Wie viel endloser Qual könnte man den Pferden und Menschen ersparen wenn der Weg in gutem Stande gehalten wäre! Ich hatte den schmalen Weg verlassen müssen. Mein Wagen stand neben einem Duchan, in dem Wein zu haben war, der, wenn auch nicht besonders schmackhaft, doch sehr trinkbar war. Ich erwartete, dass bei der grossen Hitze die durstigen Soldaten sich hier etwas erquicken würden, aber nicht einer verliess die Fronte; einige Feigen, die ich ihnen gab, während der Zug stehen musste, weil eine Kanone in einer tiefen Grube im Wege stecken geblieben war, nahmen sie mit vielem Dank an. Es fiel mir auf, dass nicht einer der Leute auch nur Spuren von Krankheit oder Mattigkeit zeigte; bald darauf sah ich es aber anders. Ein langer Zug mit weisser Leinewand überdeckter Büffelwagen (apóa), auf jedem ein rothes Kreuz. Die armen Kranken mit blassen, magern Gesichtern steigen aus und werfen sich, ohne eine schattige oder sonst bequeme Stelle aufzusuchen, mit dem Ausdruck höchster Apathie auf den Boden. Sie haben offenbar schon viel gelitten und Abgestumpftheit, mit Mattigkeit gepaart, spricht aus jeder Bewegung. Wer im Fahren auf Equipagen ohne Ressore

Erfahrung hat, weiss, dass so lange man munter bleibt und die aufrechte Stellung einzuhalten vermag, das Fahren gar nicht so schlimm ist; wird man aber vor Müdigkeit faul und lehnt sich an oder sinkt man gar bis zu einer liegenden Stellung zusammen, dann werden die Stösse des Wagens empfindlich, und wenn man schliesslich mit dem Kopf oder sonst schmerzhaften Stellen des Körpers an die Holztheile des Wagens ankommt, ist man bald bedeutend verletzt. Wenn nun Krankheit schon ohnehin alle Kräfte dem Körper entzogen hat, muss es eine Tortur sein, auf Ochsenwagen über solche Wege wie diese gekarrt zu werden. Welch ein Segen wird für diese Leute der Eisenbahnzug sein, wo sie zu jeder Zeit mindestens einen Trunk Wasser und vor allem Ruhe finden werden.

Die Büffelwagen halten den ganzen Weg besetzt und alles Schreien meines Postillons ist ebenso fruchtlos, als wollte er Berge zum Ausweichen bringen. Zum Glück ist die Station so nah, dass ich sie zu Fuss erreichen kann.

Ich fahre noch an mehreren Zeltlagern vorüber, überall fällt die Ordnung auf den ersten Blick auf, Officiere reiten hin und her, ertheilen Ordre und scheinen eifrigst für die Bedürfnisse ihrer Soldaten zu sorgen, welche bereits in Ruhe lagern.

Auch eine Batterie, welche Rasttag hält, steht auf einer kleinen Ebene am Wege. Ein altes zweistöckiges Fürstenschloss ist ganz mit Militär besetzt; zwei lange Holzbaracken daneben stehen leer, aber unten am Fluss in 2 grossen Waschküchen herrscht Leben wie in einer Fabrik.

Auf der nächsten Station frage ich nach dem Fürsten Eristow. Man fährt mich auf einem Nebenwege durch unendlich tiefen Koth und Gruben, in denen ich beinah stecken bleibe. Als wir angekommen, kann der Wagen nicht bis vor die Thüre, da drei Falken auf kleinen Krummhölzern dort sitzen. Auf dem grossen überdachten Perron vor dem Hause befinden sich gegen 30 Personen, meist in der Tracht griechisch orthodoxer Geistlicher; durch die offene Thür sehe ich im grossen Saal eine eben verlassene Mittagstafel mit vielen Gläsern und Flaschen. Es ist nicht die Wohnung des Fürsten, sondern er bewirthet hier den Archimandriten, welcher von Tiflis aus eine Rundreise macht. Da der Fürst seinen Besuch nicht verlassen konnte, liess er mich durch einen jungen Mann bis zu seiner Wohnung, etwa 3 Werst von da, begleiten. Von dort hat man eine recht hübsche Aussicht. So weit man sehen konnte, waren die breiten Thäler rings umher gut cultivirt; es waren wie immer meist Maisfelder, dazwischen eine Tabakspflanzung und am Abhang sehr selten ein kleiner Weinberg. Als wir weiter fuhren, begegneten wir mehreren Jagdgesellschaften, auch einzelnen Jägern, alle mit Falken auf der Faust. Erst um 9 Uhr Abends langte ich in Osurgeti (Озуреты) an. Der Fürst Lewon Dawidowitsch Gurieli (Левонъ Давидовичъ Гуріели) und der Kreischef Baron Heyking, denen ich durch den Fürsten Zeretelli empfohlen war, versprachen mir Pferde zu besorgen. Sie sagen mir, ich brauchte nicht schon morgen auszureiten, da ich in einem Tage bis Poti kommen könne, das Uebernachten in Nikolajewskaja sei wegen der Fieberluft gefährlich und ein Unterkommen so gut wie gar nicht vorhanden. In der Nacht zu reiten sei ebenfalls nicht rathsam, da Raubanfälle im Walde, den ich zu passiren hätte, wol vorkämen. Wenn ich einen Tag länger bleiben wolle, könne ich mit einem General nach Batum reiten und von dort zu Schiff nach Poti gehen. Doch würde ich dann erst Mittwoch in Poti sein, und das Dampfschiff in die Krim geht schon Dienstag Morgen. Um das Schiff nicht zu versäumen, muss ich also Batum aufgeben.

Ich speiste heute beim Fürsten Gurieli. Die Pfirsiche, welche zum Dessert servirt wurden, waren die ersten guten, die ich auf dem Kaukasus gesehen; es können, hier wenigstens, also doch welche wachsen und vielleicht bei entsprechender Behandlung noch viel bessere als diese. Auch sehr schöne Feigen und dieselben würzigen Trauben, welche ich schon mehrmals in dieser Gegend gegessen, wurden aufgetragen. Man nennt diese Trauben hier Elisabethtrauben; der Fürst Woronzow soll dieselben während seiner Statthalterschaft auf dem Kaukasus eingeführt haben. Ueberhaupt habe ich oft den Namen des Fürsten Woronzow mit viel Anerkennung als Administrator von Allen, die sich seiner noch erinnern, nennen hören.

Der Kaffee wurde im Garten getrunken. Wir sassen in einer Weinlaube; es war ein weiter Raum, der von einem hohen Gerüst aus Stangen überdacht und mit Weinlaub so dicht bedeckt war, dass kein Sonnenstrahl durchdrang. Grosse blaue Trauben hingen so dicht herab, dass man mit den ausgespannten Fingern immer zwei berühren konnte; lange schattige Gänge waren noch reichlicher mit Trauben behängt; an vielen Stellen berührten sich dieselben fast. Das Wasser in einem Brunnen des fast ebenen Gartens stand kaum einen Fuss unter der Oberfläche des Bodens; die Wurzeln des Weinstocks müssen also ganz im Grundwasser liegen.

Das Volk hier sind Mingrelier. Ihre Tracht ist von der auf dem übrigen Kaukasus gebräuchlichen wesentlich verschieden: Schuhe, wie gewöhnlich ohne untergenähte Sohle, wenn die Mittel es irgend gestatten, Kamaschen, die wie hohe Reiterstiefel fast das ganze Bein bedecken, sehr eng anschliessende

Hosen, die aber um die Hüften in endlosen bauschigen Falten enden, eine eng anschliessende Jacke mit engen Aermeln, die unten von einem breiten Gurt umschlossen wird, welcher oft rund um den ganzen Leib Patronen enthält, da auf der Brust keine Patrontaschen angebracht sind. Auf dem Kopf tragen sie niemals etwas Anderes als den Baschlik allein, welcher am Tage wie ein Turban zusammengewunden wird und dann recht kleidend ist. Nicht selten liegt der Baschlik auf der Schulter und der Kopf ist ganz blos. Den jungen Burschen steht diese immer einfarbige, meist ganz schwarze Tracht vortrefflich; sie sehen so flink und gelenkig darin aus. Die Nase ist stark vorspringend und fein, nicht immer gekrümmt, die Augen und Haare sind schwarz oder dunkelbraun. Hätte ich doch meinen photographischen Apparat mit mir und etwas mehr Zeit! Diese Eigenschaften, die ich für das Mingreliergesicht eben hervorgehoben, finden sich am Ende bei allen Kaukasiern; und doch sind Unterschiede vorhanden, welche die neue Erfindung der zusammengesetzten Portraits, d. h. Projection mehrerer Bilder verschiedener Personen auf dieselbe photographische Platte, gewiss gut wiedergeben würden. (Siehe hierüber Zeitschrift Nature N° 448, 1878).

Durch den Frieden und den bedeutend gehobenen Verkehr werden jetzt unter russischer Herrschaft auf dem Kaukasus die Scheidungen der einzelnen sehr zahlreichen Völker zum grossen Theil aufgehoben; es wäre für anthropologische Forschungen daher von grossem Werthe, wenn solche Portraits von den verschiedenen Racen angefertigt würden, bevor die Vermischung zu grosse Fortschritte macht.

Am Nachmittage begleitete mich der Sohn des Fürsten Gurieli, ein hübscher munterer Knabe von 15 Jahren, auf einem Spazierritt. Er ist eben zu den Ferien nach Hause gekommen und soll in einigen Tagen wieder nach Petersburg zurückkehren, wo er im Cadettencorps erzogen wird. Wie weit doch Eltern ihre Kinder von hier fortschicken müssen, um ihre Bildung zu ermöglichen! Ich ritt auf dem Passgänger des Fürsten, einem bewährten hochdämpfigen Kabardiner. Wir schlugen den Weg nach Batum ein. Mein junger Cicerone hatte Papier und Bleistift mitgenommen, um sich mir verständlich machen zu können: «Diese Erdwälle», schrieb er mir auf, «waren eine Batterie gegen die Türken; denn jene Berge dort, 5 Werst von hier, waren schon die türkische Grenze. Die Holzkreuze neben dem Wege bezeichnen die Orte, wo Verwundete auf dem Transport gestorben und beerdigt worden sind. Hier standen grosse Baracken; sie sind aber abgebrannt; es war ein ungeheuer grosser Feuerschaden».

Wir kamen an einen Berg, auf dessen ebenem Gipfel ein grosses Feldlager eingerichtet war, in welchem die vorüberziehenden Truppen rasteten. Lange Dächer aus Strauch, Stroh, Farrenkraut und dergleichen, baufälligen Ziegeleischeunen nicht unähnlich, beherbergten die Soldaten, einige Leinzelte die Officiere. Die Aussicht von diesem Berge ist herrlich. Sehr malerisch machte sich ein Trupp Soldaten, welcher längs einer gegenüberliegenden mit dichtem Buschwerk bewachsenen Bergwand abmarschirte; die weissen Hemde der Leute stachen grell gegen das dunkele Grün ab und auf dem gewundenen Wege bewegt sich der lange Trupp wie eine riesige Schlange.

Rings um das Lager, in welchem Tausende von Menschen gerastet hatten, befand sich im hohen Farrenkraut eine breite Zone, in welcher die Riechorgane auf das Empfindlichste afficirt wurden. Das bei allem, was jetzt über Gesundheitspflege im Felde geschrieben, gesprochen und wol auch schon gethan wird, für das Unschädlichmachen dieses Uebels nichts geschieht, wundert mich geradezu. Und hierfür gerade wäre es am leichtesten durch tiefe verdeckte Gruben zu sorgen. Wissenschaftliche Beobachtungen und die Statistik haben zur Genüge nachgewiesen, dass die Krankheiten bei Weitem mehr Soldaten hinraffen als feindliche Kugeln, und faulende Stoffe in der Nähe der Lager die Brutstätten für diese Krankheiten sind.

Wie alle Abend, so zog auch heute ein Gewitter herauf, dem erst in der Nacht der Regen folgte.

Doch nun ist es für mich hohe Zeit schlafen zu gehen, denn schon um 3 Uhr Morgens reite ich aus, über Nikolajewsk nach Poti.

Brief XIV.

Poti den $\frac{12}{IX}$.

Die wenigen Stunden, die ich schlafen wollte, wurden mir durch Ungeziefer sehr verleidet. Um halb drei schon war ich auf dem Hof und meine Bündel waren geschnürt; die bestellten Pferde, welche an andern Orten immer sehr pünktlich erschienen waren, kamen aber zu meinem nicht geringen Aerger erst um halb fünf. Es war noch vollkommen finster. Ich kann nicht oft genug wiederholen, wie köstlich hier die Morgenluft ist. Man athmet mit vollen Lungen, als wolle man Vorrath sammeln für den ganzen Tag und für unser nordisches Clima. Der Weg führte anfangs durch Zeltlager, wo die Soldaten sich auch schon zum Ausmarsch bereit machten; dann kam das ewige Ellerngebüsch mit rankendem Hopfen und den grossen abgestorbenen Bäumen, wie bei Sugdidi. Kleine Lichtungen waren mit so dichtem Rasen bedeckt, wie ich ihn nur in Schottland gesehen habe, ein Beweis dafür, dass die Luft hier reich an Wasserdunst ist und Niederschläge häufig sind. Auf der zweiten Hälfte des Weges sah ich mehrere Verschanzungen, welche wol den Zweck gehabt hatten, das Vordringen der Türken, von Nikolajewsk aus, auf diesem Wege zu verhindern; auch ein verlassenes grosses Lager passirten wir, wo die Soldaten den ganzen Winter unter Dächern aus Schilf und Farrenkraut gelebt hatten.

Ich hatte nur einen Mann als Führer engagirt; aus Furcht vor Räubern waren ihrer aber zwei mitgekommen. Da der eine zu Fuss ging und mit den Pferden nicht Schritt halten konnte, war sein Camerad auch nachgeblieben. Ich mochte um ihretwillen aber keine Zeit verlieren; eine kleine Chaussée diente mir als Wegweiser, denn der benutzte Weg führt immer neben ihr her. Weil hier ausschliesslich unbeschlagenes Zugvieh gebraucht wird, vermeidet man wo möglich die mit gehackten Steinen bestreuten Strassen. Zahlreiche Flüsschen kreuzen den Weg; die Brücken sind in einem Zustande, welcher das Vermeiden derselben sehr wünschenswerth macht. Da der Boden der Bäche aber nicht mehr Kies, sondern unergründlich tiefer weicher Lehm ist, reparirt sich ein Jeder, so gut er kann, mit Ellernstöcken und Strauchwerk die Stellen, wo frühere Reisende durchgefallen sind. Mein Pferd hat bei diesen Brücken wahrscheinlich schlechte Erfahrungen gemacht, denn die Nagaika muss immer erst stark in Anwendung kommen, bevor es sich entschliesst, dieselben zu betreten. Es versteht aber mit merkwürdigem Geschick die Löcher zu vermeiden, indem es mit dem Hinterfuss genau auf denselben Punkt tritt, welchen es mit dem Vorderfuss vorher untersucht und betreten hat.

Wir mochten etwa 20 Werst geritten sein, da hob sich das Terrain plötzlich etwas. Vier oder fünf Bretterhäuschen und ebenso viel lange Strohdächer lagen am Abhang. Auf dem höchsten Punkt stand ein Kosak und sah mit ruhigem Blick in die Ferne. Nach dem Ausdruck seines Gesichtes zu urtheilen, muss er auf's Meer sehen. So war es auch. Die Bodenerhebung war der Uferwall; jenseits befand sich erst eine lange Lache faulen stehenden Wassers, dann kam eine zweite Düne und darauf die Brandung des Schwarzen Meeres. Für den Bewohner der Ebene ist es immer ein erquickender Blick, wenn er nach längerem Aufenthalt in den Bergen wieder einmal freie offene Fläche vor sich sieht anstatt der, wenn auch herrlich schönen, auf die Dauer aber ein beengendes Gefühl erzeugenden Berge. Wie frei athmete ich auf, als die glatte Meeresfläche und der freie Horizont vor mir lagen! Am Schwarzen Meer sind wird also; — aber wo ist Nikolaewskaja? So weit das Auge die gerade Küste zu verfolgen vermag, sieht man nicht ein Haus. Der Kosak belehrt uns darüber, dass Nikolaewskaja nirgends anders sei, als wo wir eben ständen, man müsse nur nicht sagen «hier ist Nikolaewskaja,» sondern «hier war Nikolaewskaja»; denn die Türken haben es ja zerstört.

Keinen Stein auf dem andern zu lassen, muss ihnen nicht viel Mühe gemacht haben, denn es scheinen hier überhaupt keine Steine gewesen zu sein. Holzkohlen lagen allerdings reichlich umher.

Ein Flüsschen mündet hier; vorgelagerte Sandbänke scheinen die Einfahrt für Schiffe sehr zu erschweren, während die volkommen buchtenlose Küste sonst gar keinen geschützten Ankerplatz bietet. Nur 2 grosse Böte, die etwa $2\frac{1}{2}$ Fuss tief gehen mochten, lagen am Ufer.

Von den Kosaken bekam ich 2 Pfund Fleisch zu meinem Schaschlik, auch etwas Mais für meine Pferde. Nach einer Rast von 2 Stunden ritt ich weiter. Der Weg geht immer das Meer entlang; dichter Wald tritt bis auf 100 Schritt an's Ufer, so dass im Sturm der Schaum der Wellen bis auf die Bäume spritzen muss, wodurch sie wie eine geschorene Hecke dicht, und je näher zum Meer, desto niedriger wachsen. So undurchdringlich dieses Dickicht, vom Meer aus gesehen, auch scheint, so sieht man doch, wenn der Weg gelegentlich hineinführt, dass der Wald nicht wesentlich dichter ist, als im Innern des Landes. Auch hier sieht man die eigenthümliche Erscheinung des zweifachen Waldes: der Hochwald sehr undicht, meist

Rothbuchen; und unter ihnen ein Gewirr dichten Unterholzes, darunter eine Menge Bäumchen und Büsche, die ich weder kenne, noch im Gebirge gesehen habe. Nicht wenig war ich erstaunt, auch die калина, Kalina (viburnum opulus L.) hier zu finden, welche ich für einen ausschliesslich nordischen Busch hielt. Werde ich den Buxbaum (buxus sempervirens L.), welcher hier wachsen soll, erkennen? «Das muss er sein!» die Blätter sind dieselben wie am bekannten Bux, welcher bei Gartenwegen und Blumenbeeten im südlichen Europa so häufig als Einfassung dient, und die hellgraue Rinde kenne ich von den Klötzen her, die ich zu Maschinenlagern, unter dem Namen пальмовое дерево, in Petersburg gekauft habe. Meist sind die Stämmchen in der Nähe des Weges nur bis 2 Zoll dick, ich sah aber doch einige von 5 Zoll Stärke bei 20 Fuss Höhe; der Stamm ist aber keineswegs gerade, sondern jeder Jahrestrieb scheint einer anderen Richtung zu folgen. Der Uferwall ist meist höher als das dahinter liegende Flachland, so dass das Regenwasser nicht bis in's Meer abfliessen kann, sondern sich in grossen Lachen ansammelt. Oft ist es der tief ausgefahrene Weg, welcher die Pfützen bildet; das Dickicht zu beiden Seiten macht ein Ausweichen unmöglich und mehrmals musste mein Pferd eine halbe Werst weit in dem wie eine Spinatsuppe bis auf den Grund grünen Wasser waten.

Ich habe bei einer gelegentlichen Besprechung über die desinficirende Wirkung des Wassers darauf aufmerksam gemacht, dass ein instinctives Gefühl uns sagt, wenn wir an einen murmelnden Bach kommen: «hier ist gut sein!» Und gerne setzen wir uns dort nieder, um zu rasten. Ich glaube nicht, dass es nur Einbildung war, wenn mich beim Reiten in diesem Schlammwasser ein ganz besonderer Ekel überkam, ohne dass irgend ein übeler Geruch bemerkbar gewesen wäre. Ich hätte mich für keinen Preis neben einer solchen Pfütze lagern mögen. Mitunter reite ich auch unmittelbar am Meeresufer, wo die Wellen den Sand noch bespülen und ihn einigermassen hart machen; doch sinkt das Pferd auch hier zu tief in den Sand ein, um bequem vorwärts kommen zu können. Der Ufersand ist vollkommen schwarz; es ist Magneteisensand mit nur wenigen Quarz- und Feldspatkörnchen. Das wird wohl dem Schwarzen Meer seinen Namen gegeben haben. Wenn man von einem Schiff aus senkrecht in die Tiefe sieht, muss das Wasser auf diesem dunklen Grunde besonders schwarz erscheinen. Muscheln fand ich hier keine am Ufer, sah aber zwei gallertartige Thiere, fast durchsichtig, etwas opalartig schimmernd, so gross wie meine Hand mit ausgespreizten Fingern; auch sie hatten fingerartige Verlängerungen nach allen Seiten. Das eine lag auf dem feuchten Sande und schien von der Brandung an's Ufer geworfen zu sein, das andere schwamm im Wasser in der unmittelbaren Nähe des Ufers.

Von Ruinen oder sonstigen alten Bauwerken habe ich nichts gesehen. Etwa 6 Werst nördlich von Nikolaewsk, wo der Weg ausnahmsweise einmal gegen eine halbe Werst weit vom Meere führt, und ein alter Uferdamm für ihn durchgegraben ist, sah ich tief im Inneren dieser alten Düne zahlreiche Ziegeltrümmer. Sie mögen den Ort bezeichnen, wo Uferbauten standen in einer Zeit, als der Spiegel des Schwarzen Meeres noch viel höher war und dieser Uferwall von der Brandung über die Ziegeltrümmer aufgeworfen werden konnte.

Ich hatte gefürchtet, dass es während der Mittagsstunden in der brennenden Sonne auf dem schwarzen Sande unerträglich heiss werden würde, der frische Seewind vermochte aber meist immer so viel Kühlung zu schaffen, dass ich nicht zu klagen hatte; nur wo der Weg durch's Dickicht führte, war es schwül, obgleich man im Schatten war.

Mehrere Fähren, die wir zu passiren hatten, hielten uns sehr auf, endlich gegen 3 Uhr erreichten wir Poti. Rechtwinklig sich schneidende Strassen, breite Gräben voll stehenden Wassers auf beiden Seiten, sehr vereinzelt stehende Häuser, Thüren und Fenster meist mit Brettern vernagelt. Wir reiten schon eine halbe Stunde durch solche Strassen; das einzige lebende Wesen, dem wir begegneten, war ein magerer Hund. Endlich erreichen wir bewohnte Strassen und das mir empfohlene Gasthaus Golosowski.

Flottoffiziere sitzen eben beim Mittag und Kachetinerwein. Auch ich wurde auf's Beste bewirthet; etwas schmutzig ist natürlich Alles, aber darauf muss man sich hier schon gefasst machen. Nun zum Dampfschiffcomptoir, um Billete zu morgen zu nehmen. Da erfahre ich, das Dampfschiff sei schon heute Morgen abgegangen, das nächste gehe erst Sonnabend. Es ist also für diese Woche unmöglich in die Krim zu reisen.

«Aber kann ich nach Batum fahren?»

«Passagierschiffe gehen dorthin nicht, Kronsdampfer wol. Sie müssen aber, um mitfahren zu können, erst einen Erlaubnissschein von der Polizei, dann einen von dem Commandanten erbitten und sich, damit versehen, an den Capitain des nächsten absegelnden Kronsschiffes wenden.»

Bevor ich solches unternehme, gehe ich zum Telegraphenbureau und finde dort die Nachricht, dass meine Frau mir nicht in die Krim entgegenkommen kann. Dieser Umstand machte das Mass voll, ich gebe die Krim ganz auf und gehe über Tiflis zurück.

Brief XV.

Waggon Poti-Tiflis den $\frac{13}{IX}$.

In's Gasthaus zurückgekehrt, frage ich nach dem Fahrplan der Eisenbahn. Nichts Derartiges ist vorhanden. «Weiss jemand, wann der Zug nach Tiflis geht?» «Um 9 Uhr 15.» «Nach welcher Uhr?» «Nach der hiesigen.» «Wie viel ist die hiesige Uhr?» Durch die eben gemachte Erfahrung gewitzigt, bin ich schon um 8 Uhr am Bahnhof. Man hatte bereits zum zweiten Mal geläutet. Der Stationschef ist aber sehr liebenswürdig; meine Sachen werden sogar gewogen und empfangen, noch bevor mein Diener die Billete hatte nehmen können; wir fahren ab. Zwei junge Frauen im Waggon bekreuzigen sich mit beiden Händen. Das sieht aber gar nicht wie ein Gebet aus, sie sind wol froh den angenehmen Ort Poti hinter sich zu haben. Ich habe aber diese Stadt und alle ihre Annehmlichkeiten ja noch gar nicht beschrieben. Ich sagte schon, dass die ganze Gegend durch rechtwinklig sich schneidende Strassen in grosse Quadrate getheilt ist. Mehrere dieser Quadrate sind grosse Wasserlachen, in denen Schilf und Strauchwerk wächst; kleinere Lachen sieht man fast in jedem Hof. Zu beiden Seiten der Strasse sind breite Gräben, in denen das Wasser etwa 1 Fuss tief steht; grobes Schilfgras, welches der Papyrusstaude gleicht, wächst darin und zahllose Frösche treiben dort ihr Wesen. Ihr Gequak soll des Nachts dem Fremden keinen Schlaf gönnen und nervöse Personen zur

Verzweiflung treiben. Meine Taubheit hilft mir über diese Unannehmlichkeit hinweg; aber dass dort sehr viele Frösche leben, kann ich auch bezeugen. Wenn man plötzlich an einen Graben tritt, stürzen Tausende sich mit einem Sturm in's Wasser, dass es förmlich Wellen schlägt.

Wo nicht kleine gusseiserne Brücken die Gräben passirbar machen, ist das Kreuzen der Strassen oft schwierig. Kurz, stagnirendes, faulendes Wasser und was damit zusammenhängt all und überall. Um halb sechs, so wie sich die Sonne dem Untergange zuneigt, wird eine feuchte Kälte, nach der vorhergegangenen Hitze, sehr fühlbar. Ich gehe in mein Zimmer; dort zeigt der Thermometer noch 19° Reaum., dennoch schliesse ich alle Fenster. Jetzt, erst gegen 6 Uhr, langen unsere beiden Führer mit dem Packpferde an, ohne von Räubern ausgeplündert worden zu sein. Die Kellner im Hôtel hatten meinem Diener bereits allerhand Räubergeschichten erzählt, die auf diesem Wege sehr häufig vorkommen sollen; die kleinen Holzkreuze am Wege, welche wir wol bemerkt, sollen die Orte bezeichnen, an denen Reisenden zuerst das Leben und dann diejenigen Dinge, welche diese Räuber brauchen können, abgenommen worden. Ausdrücke wie «*la bourse ou la vie*» seien hier nicht üblich; da Alle bewaffnet reisen, würde der Räuber leicht selbst an seinem Leben Schaden nehmen können, wenn er sich erst auf Parlamentiren einliesse. Was daran wahr ist, kann ich nicht ergründen; interessanter ist es jedenfalls, es zu glauben.

Uebrigens will ich die Gelegenheit wahrnehmen, um die Reisenden sehr ernstlich vor den Räubern zu warnen, aber nicht um ihretwillen, sondern um der Räuber willen.

So z. B. erzählt Professor Petzholdt, beim Fahren in der Steppe sei ihnen die Zeit, welche sie gebraucht, um die Station zu erreichen, einmal gar zu lang vorgekommen, sie hätten sich allerlei Gedanken gemacht, dass der Postillon vom Wege abgekehrt sei und sie einer Räuberbande zufahre. Als es bereits dunkel geworden, hält der Postillon plötzlich mitten in der öden Steppe an; ein wild aussehender, bis an die Zähne bewaffneter Tatar kommt herangesprengt. Ihr Vertheidigungsplan ist rasch entworfen: Petzholdt's Reisegefährte soll den Postillon übernehmen, er selbst zieht den Revolver und will erst den Räuberhauptmann erschiessen. Was ergab sich? Der vermeintliche Räuberhauptmann war der Stationshalter; sie standen vor der Station, welche, aus einer unterirdischen Grube bestehend, die in der Dunkelheit von ihnen nicht bemerkt worden war.

Ein anderes Mal übernachtet Professor Petzholdt in einem alten Kloster im Gebirge. In der Nacht hört er Lärm, steckt ein Zündhölzchen an und sieht einen riesigen Kaukasier, die Hand am Dolchgriff, neben seinem Bett.

Es war eine Ehren- und Leibwache, die man ihm zugeschickt hatte.

Die Eisenbahn befindet sich auf dem rechten Rionufer, während Poti auf dem linken Ufer liegt. Eine prachtvolle eiserne Brücke führt über den Fluss zum Bahnhof; auch die letzte Niete an dieser Brücke ist aus England gebracht. Die grossen Laternen aus weissem Milchglase, stehen so dicht, wie es nur in London üblich ist; aber nur wenige von ihnen bezeugen durch den berussten Zustand, dass ein Petroleum-Lämpchen in ihnen zu brennen pflegt.

Selten ist mir der Contrast zwischen öder Wildniss und hoher Cultur so auffallend neben einander erschienen, als hier die beiden Rionufer neben dieser Brücke.

Unser Zug fährt über eine gute Stunde in sumpfigem Walde; der Eisenbahndamm hat offenbar das Wasser noch höher angestaut, als es ohnehin hier gestanden haben mag. Nicht nur die grossen Bäume, sondern auch alles Unterholz ist auf grosse Strecken hin ausgestorben. Waldbrände haben trotz des Wassers hier auch gehaust. Es macht einen ganz besonders traurigen Eindruck, hier, wo die Natur so viel Pracht und Ueppigkeit entwickelt, jetzt die schwarz verkohlten Gerippe einstiger Baumriesen aus dem schlammig grünen Wasser emporstarren zu sehen.

Erst während der zweiten Stunde Eisenbahnfahrt wird der Boden trocken; Maisfelder wechseln mit Ellerngebüsch ab, auch Rasenflächen kommen vor. Dann kommt ein langes Stück sehr fruchtbaren Landes. Nur in der Lombardei habe ich ähnlichen Reichthum gesehen.

Felder, die zwei und drei Ernten jährlich geben, zwischen den Feldern Maulbeerbäume und am Maulbeerbaum der Weinstock, allenthalben kleine Flüsschen, die aus den Schneebergen kommen und daher namentlich in der heissen Zeit wasserreich sind. Es könnte Alles ein Garten, ein Paradies sein, aber wie viel Jahrhunderte lang fliessen nicht schon diese Flüsschen und wehen die feuchtwarmen Winde; die Menschen aber üben sich im Halsabschneiden und der grösste Theil des Landes bleibt Wildniss! Wollen wir hoffen, dass die russische Herrschaft jetzt den Frieden erhalten und den Einwohnern die nöthige Sicherheit des Eigenthums geben wird, um den Schatz aus ihrem Acker zu graben.

Im Alterthum lesen wir wol vom Reichthum der Kolchischen Ebene, aber die Wogen der Völkerwanderungen des Orients, welche hier am Kaukasus gebrandet, haben allen Wohlstand immer wieder vernichtet.

Von der Station Karali an fahren wir steil bergan; die Steigungen betragen 45 pro mille, während die steilsten

Steigungen der Semmeringbahn nur 32 pro mille ausmachen, d. h. 45 Zoll Steigung auf 1000 Zoll Länge der Bahn. Biegungen giebt es hier von 60 Faden Radius=420 Fuss engl., während man sonst nicht gern kleinere Radien als 300 Faden nimmt. Der Zug geht sehr langsam, so dass einem das Stehen auf dem Perron des Waggons durch den Zugwind nicht verleidet wird und man die herrliche Landschaft bestens geniessen kann. Dem Lauf der Kwirila folgend winden wir uns zwischen Bergen in einer engen Schlucht. Das Wasser der Kwirila ist wunderbar klar, so dass ich sogar aus dem Waggon die silberglänzenden Flanken der Forellen sehen kann; es giebt ihrer unendlich viele, auf alle 2 Quadratfuss Wasserfläche mindestens einen Fisch. O, selten reiches Paradies für einen Forellenangler!

Ich hatte so viel Fische gesehen und am Ende doch aus einer Entfernung, aus welcher man nicht mehr erwarten darf, welche im Wasser zu bemerken, dass ich zweifelhaft wurde und mich geirrt zu haben meinte. Im Hôtel de Londres in Tiflis hatte ich aber am anderen Morgen Gelegenheit, mich davon zu überzeugen, dass ich mich durchaus nicht getäuscht. Im Hofe des Hôtels befindet sich ein Reservoir, in welchem Forellen gehalten werden. Wenn die Fische ruhig sind, bedarf es eines sehr scharfen Auges, um ihren grauen Rücken von dem Grunde des Bassins zu unterscheiden; sie haben aber die Eigenthümlichkeit beim Schwimmen sich mitunter auf die Seite zu werfen und wenn dann das Sonnenlicht im richtigen Winkel zum Beobachter auf die silbernen Schuppen ihrer Flanke fällt, blitzt für einen Augenblick ein so heller Lichtstrahl auf, als käme er vom blanken Spiegel eines optischen Instruments. Das ist es, was man auch aus dem Waggonfenster sehen kann, ohne die Augen eines Reihers zu haben.

Nach der reichen geackerten Ebene sind jetzt auch die bebauten Thäler verschwunden; Wälder, die anfangs nur die Berggipfel bedeckten, reichen bis in's Thal hinab. Eine Schlucht, durch die wir fuhren, war besonders schön. Unendlich hohe Bergwände, die uns allerseits umgaben, so steil, dass man nur nackte Felsen zu sehen erwarten durfte, waren mit einer Decke üppigen Laubwerks bedeckt, aus welcher nur hier und da eine Felsenspitze, eine glatte Wand oder das Rinnsal eines Bergbaches sichtbar wurden. Nur sehr selten zeigte sich noch ein kleines Maisfeld; auch einen mikroscopisch kleinen Weinberg sah ich neben einer Station, an so steiler Bergwand angelegt, wie ich es sonst nur am Rhein gefunden habe. Es ist nicht unmöglich, dass hier gerade auf den trockenen Felsen bei der noch immer feuchtwarmen Luft und der vielen Sonnenwärme ein besonders schöner Wein erzielt werden könnte. Jetzt steigen wir so steil bergan, dass an unserm Zuge vorn 2 Locomotiven ziehen und hinten eine stösst. Am äussersten Ende des Thales, in dem wir fahren, liegt auf dem schmalen Kamme eines einzeln stehenden scharfen Grates ein recht grosses Dorf. Kleine Felder, an den Berghängen zerstreut, sehen aus, als könne man nur auf Strickleitern zu ihnen gelangen; immer wieder Beweise der ewigen Kämpfe und Fluchten bis in die unzugänglichsten Winkel. Auch diese Leute haben wol einst in der fruchtbaren Ebene gelebt und sind bis an den äussersten Rand des bewohnbaren Landes hinaufgedrängt worden. Sie gedeihen aber trotz der schwierigen Kämpfe mit einer kargen Natur ganz gut, weil sie hier vor Ueberfällen sicherer sind als in der reichen Ebene. Die Erscheinung ist hier auf dem Kaukasus, so weit ich ihn gesehen, ganz allgemein. Die reichen Ebenen am Fuss des Gebirges sind verhältnissmässig menschenleer und in den unwirthlichsten Schluchten der Berge gedeihen Dörfer und besteht sogar eine Art roher Cultur, welche sich namentlich in der Anfertigung von Waffen seit undenklichen Zeiten berühmt gemacht. Hier in diesen Verstecken des Kaukasus war es auch wahrscheinlich, wo die Erfindung, welche jetzt das menschliche Leben auf dem ganzen Erdball so mächtig beeinflusst, gemacht wurde, aus dem Erz Eisen und Stahl zu bereiten.

Das Flüsschen, dessen Bett die Bahn bisher stromaufwärts gefolgt ist, versiegt; wir müssen an der Passhöhe der Bahnlinie sein. So ist es. Nach einigen Minuten steigen wir langsam bergan, dann folgen wir einem anderen Flussbett stromabwärts; alle Räder werden gebremst. Wir sind bei der Station Poni (Пони). Jetzt geht es fast immer bergab, nicht einen grünen Grashalm mehr sieht man, Alles ist dürre diesseits des eben überschrittenen Höhenzuges.

Das Thal der Kura lässt in sehr charakteristischer Weise die Bodenformation sehen, welche mir bei den Thälern im Kaukasus vielfach aufgefallen ist. Das von den Felsen gebildete Thal ist bis zu bedeutender Höhe mit Schichten von Kies, Sand und Lehm gefüllt; die oberste Schichte ist schwarzer fruchtbarer Tschernosem. In diese Schichten haben die Flüsse ihre tiefen und breiten Betten, deren Grund aber meist unfruchtbarer Kies oder Sand ist, hineingegraben. Es entstehen auf diese Weise doppelte Flussthäler; die Sohle des höheren ist reich cultivirt; dort auch liegen alle Dörfer, während die dem Fluss zunächst liegende Thalebene vollkommen wüst ist.

Es wird dunkel.

Brief XVI.

Wladikawkas den $\frac{15}{IX}$.

Am 13-ten Abends langte ich in Tiflis an, am 14-ten machte ich einige Abschiedsbesuche und fuhr um 2 Uhr Mittags mit einer Diligence ab, welche ein Officier mit mir gemeinschaftlich miethete. Vor Mzchet sah ich einige in hohe Felswände gegrabene Zellenwohnungen, welche ich auf der Herreise nicht bemerkt hatte.

Die letzte Station vor der Passhöhe gingen wir fast ausschliesslich zu Fuss und langten auf graderen, aber oft sehr steilen Bergpfaden noch vor unserm Wagen, der den endlosen Serpentinen der Chaussée folgte, zur Station.

Beim rothen Kreuz auf der Passhöhe kam uns als Gruss aus der nordischen Heimath ein eisiger Sturmwind aus Nordost entgegen. In Tiflis hatten wir noch von der Hitze zu leiden; mein Thermometer zeigte jetzt nur $+6^0$ R.

Trotz aller Gewohnheit an die nächste Nähe der Abgründe, knöpfte ich die Lederschürze meines Sitzes auf, um nöthigenfalls abspringen zu können, denn von der Passhöhe an fuhren wir wieder nur mit 2 Pferden, welche die schwere Diligence weder beim Bergabfahren zu halten, noch beim Bergauffahren guterdings zu schleppen vermochten. Man verliert zu viel von der nöthigen Gemüthsruhe, um die schöne Landschaft zu bewundern, wenn man mit Pferden fährt, welche, eben geprügelt, weil sie nicht anzogen, endlich mit verzweifeltem Bäumen sich in's Geschirr werfen, es zerreissen und nun so den Wagen halten und lenken sollen.

Tausende von zweirädrigen Karren mit einem Pferde oder,

wenn die Last gross ist, mit mehreren Paar Ochsen und Büffeln bespannt, versperren die ohnehin nicht sehr breite Strasse; manche Holzachse dieser Karren brach, wenn sie mit den massiven Rädern unserer Diligence in Collision gerieth. An unserem Wagen wurden beide Tritte abgerissen, ein Fenster eingeschlagen, aber dennoch langten wir gegen 2 Uhr Nachmittags mit heiler Haut auf der Station Kasbek an. Der Gipfel des Kasbek war nur theilweise in Wolken gehüllt. Ich beschloss daher hier zu übernachten und am folgenden Morgen zum Kasbekgletscher hinaufzusteigen.

Die Frequenz auf diesem Wege ist sehr bedeutend; es waren vom Morgen bis 2 Uhr Mittags bereits 110 Postpferde von dieser Station abgegangen. Der Stamm beträgt nur 90 Pferde, 20 waren also schon zweimal angespannt worden. Bis zum Abend langten noch gegen 20 Reisende an, welche hier übernachteten. Die Lastthiere, Büffel, Ochsen und Pferde, welchen man durchschnittlich auf der Fahrt von einer Station zur anderen begegnet, taxire ich auf etwa 500 Häupter. Alles Petroleum, welches in Transkaukasien gebrannt wird, kommt aus Baku nicht direct nach Tiflis, sondern macht den weiten Umweg über Astrachan, Zarizin, Rostow und Wladikawkas um von dort per Arba über den Kaukasus wieder auf dessen Südseite zu gelangen;—ein schlechtes Zeugniss für die Communicationsnittel zwischen Tiflis und Baku.

Das Unterkommen im oberen Stock der Station Kasbek soll für gewöhnlich ganz erträglich sein; jetzt war aber eben Alles frisch gestrichen worden und alle Reisenden mussten zusammen im Speisesaal schlafen.

Der übele Geruch im Speisezimmer, über den ich schon auf der Hinreise geklagt, war jetzt so arg, dass, wenn ich nur die Möglichkeit gehabt hätte, draussen ein Feuer anzumachen ich lieber unter freiem Himmel geschlafen hätte; da die Nacht aber recht kühl war und ich eben aus heissen Ländern kam, fürchtete ich mich zu erkälten.

Ich machte dem Wirthe eine Bemerkung wegen des Schmutzes. Als Entschuldigung wies er auf einen Haufen zerrissener Papiere, die eben aus dem Kanzeleizimmer ausgefegt worden waren und jetzt im Vorhaus lagen. «Sie sehen, es wird aufgeräumt und Alles wird frisch gestrichen werden».

«Ja, aber wie lange ist die Kanzelei nicht aufgeräumt worden, dass sich so viel Papierschnitzel in ihr ansammeln konnten; ein Pferd genügt nicht, um sie mit einem Mal abzufahren! Ist dieses Zimmer, seit es zum letzten Mal gestrichen, überhaupt jemals ausgekehrt oder gar gewaschen worden»?—Er zuckte mit den Achseln und griff nach der Schnapscaraffe, um einige der anderen Reisenden zu bedienen. Am 15-ten war ich schon um 3 Uhr Morgens draussen; die bestellten Reitpferde kamen aber erst nach einer Stunde. Eine Wolke liegt wieder auf dem Kasbek und verhüllt Alles; ich reite dennoch aus. Die Luft ist frisch; es ist so dunkel, dass man nur vorsichtig reiten kann.

Ich bin etwa eine halbe Stunde geritten, als die Wolken sich theilen. Der mächtige schneebedeckte Gipfel des Kasbek, von der aufgehenden Sonne bereits beleuchtet, während noch Alles in vollkommenste Dunkelheit gehüllt ist, liegt vor mir. Vom weissen Schnee schien förmlich Licht auszustrahlen. Ich kann dieses Licht nur mit dem des Mondes vergleichen.

Der Effect ist ganz überwältigend! Auch die zerklüfteten, mit weissen Schneeadern, wie mit einem Netz, bedeckten Bergwände des rechten Terekufers in unserem Rücken erschienen, von diesem Licht beschienen, besonders schön, während der Grund des Thales vor Dunkelheit fast schwarz ist.

Nach einem recht mühevollen Ritt und langem langsamen Steigen zu Fuss bin ich endlich nach $2\frac{1}{2}$ Stunden an dem Ort, den mein Führer als das Ziel unserer Excursion bezeichnet. Ich stehe auf einer Höhe von 8400 Fuss, am Rande eines steilen Abhanges. Auf der andern Seite des Thales steigen die steilen röthlichgelben Abhänge des Kasbek in die Höhe.

Das Gestein ist ein poröser Andesit-Tuf. Im Thal schlängelt sich, wie ein weisser Fluss, der Gletscher. Oben, wo er bei dem ewigen Schnee seinen Anfang nimmt, ist er blendend weiss, je weiter thalwärts, desto mehr treten Steintrümmer zu Tage.

Der ganze Berg, auf dem ich stehe, ist nichts als ein Haufen solcher Steintrümmer, welche der Gletscher aufgethürmt und in die er sich darauf selbst wieder ein tiefes Bett gegraben hat.

Diese Excursion ist, wenn man das Glück hat den Kasbek unbewölkt zu sehen, eine der lohnendsten, die ich kenne, man muss sie aber, wenn irgend möglich, vor Sonnenaufgang machen; später, wenn die Sonne alle Berge beleuchtet ist der Effect ein ganz anderer, namentlich verlieren die Berge des rechten Terekufers viel von ihrer landschaftlichen Schönheit, wenn die Sonne über sie weg einem in die Augen scheint.

Man kann sich hier die Bewegung des Gletschers lebhaft veranschaulichen. Es ist eine den Abhang hinunter sinkende Eismasse; am unteren Ende schmilzt sie beständig ab, oben wird von den steilen Hängen des Bergkegels immer frischer Schnee nachgeschüttet. Der bedeutende Druck verwandelt die tiefer liegenden Schneeschichten in Eis; das Wasser des schmelzenden Schnees sickert in die unteren Schichten, gefriert dort und trägt durch seine Bewegung thalwärts zum

Fortrücken der ganzen Masse bei. Weil Eis die Eigenschaft besitzt, dass seine Stücke bei einer Temperatur von null Grad zusammenfrieren, wenn sie fest aneinandergedrückt werden, so verschwinden die Risse, welche sich gelegentlich bilden, auch wieder und das Ganze gleicht vollkommen einer sich langsam fortbewegenden Flüssigkeit.

Nach Tyndall rücken die meisten Gletscher der Schweiz während des Sommers in ihrer Mitte mit einer Geschwindigkeit von 3 Fuss am Tage vorwärts.

Beim Hinabsteigen achtete ich besonders auf die Steine mit glatten Flächen. Einige sind offenbar an der Sohle des Gletschers glatt geschliffen und auf manchem finde ich auch die bekannten Schrammen, welche entstanden sind, indem harte spitze Steine, die in das Gletschereis eingefroren waren, über sie wegrutschten und sie schrammten, wie wir Glas mit einem gefassten Diamanten ritzen.

Es war mir nicht klar, weshalb diese Schrammen meist nur kurz sind; ich glaubte, sie müssten doch in der ganzen Länge der glatten Felsenflächen fortlaufen. Seitdem ich Tyndall's Ansichten über die Beweglichkeit der Eismassen kennen gelernt, glaube ich, es so verstehen zu können, dass der spitze Stein, so fest er auch im Eise sitzt, wenn er auf den Felsen trifft, den er schrammt, bei anhaltendem Drucke doch in's Eis hineindringt. Das heisst, der Gletscher verhält sich in Bezug auf den eingefrorenen Stein ebenso, wie in Bezug auf einen Felsen, der ihm im Wege steht, nämlich gleich einer flüssigen Masse; er umgeht den Felsen und gestattet dem Stein in seine Eismasse einzudringen.

Ich weiss nicht, ob die Wärme, welche bei dem bedeutenden Druck entstehen muss, hier ebenfalls eine Rolle spielen könnte.

Um 9 Uhr war ich wieder auf der Station und um 10 Uhr fuhren wir weiter.

Wunderschön sind die Berge, zwischen denen sich der Weg schlängelt. Ich bedaure nicht, denselben Weg über den Kaukasus nochmals zu fahren. Ist es die Beleuchtung oder sonst etwas, aber sie kommen mir noch grossartiger vor, diese himmelstürmenden Felsen von Dariol.

Da fliegt etwas durch die Luft, senkrecht von oben nach unten; ich halte es anfangs für einen grossen Raubvogel, der sich auf seine Beute stürzt; die Geschwindigkeit nimmt aber so zu, dass ich mit den Augen nicht zu folgen vermag; jetzt kommt es auf einem Felsblock am Wege an und zerschellt zu Staub: es war ein Stein, der herabfiel.

Mächtige, meist aufrecht stehende sechseckige Säulen bilden oft die Felsen neben dem Wege. Die meisten Proben, die ich von diesen sechseckigen Säulen mitnahm, bestimmte Professor Grewingk als Andesit. Nur das Stück einer sechseckigen Säule aus Abas-Tuman von gelblichgrauer Farbe nannte er vulkanischen Tuf.

Sehr hübsch sehen blankpolirte bläuliche Steinblöcke im Terek aus; es ist feinkörniger Diorit.

Weiter unterhalb sah ich mehrere Eingänge zu Höhlen an beiden Ufern des Flusses. Ich halte es für wahrscheinlich, dass man hier Nachrichten aus den Zeiten des ältesten menschlichen Daseins in diesem Lande finden könnte. Dieses Terekthal ist der hauptsächlichste durch den Kaukasus führende Weg, auf dem wandernde und sich bekriegende Völker, wie einzelne Reisende, einen harten Tribut an Todten der unwirthlichen Gegend gezahlt haben. Noch heute übernachten die Leute auf ihren Reisen unter überhängenden Felsen oder in Höhlen; darum sind die Felsen an solchen Stellen vielfach von den Nachtfeuern geschwärzt. Mancher Wanderer mag in alten Zeiten, von Kälte und Müdigkeit überwältigt oder von einem Schneesturm überfallen, sich hier niedergelegt haben, ohne wieder zu erwachen und mancher verwundete Krieger neben seinen Waffen verblutet sein.

Der reissende Fluss hat, durch Schnee und Erdstürze gedämmt, oft hoch steigen müssen, um sich dann, mit gesammelten Kräften, Erde und Steine mit fortreissend, wieder ein tieferes Bett zu graben. Dabei hat er gewiss in mancher Höhle Gerippe und Geräthe vergraben. Sehr oft sind mir im ganzen Kaukasus Thäler aufgefallen, in denen unter ähnlichen Verhältnissen Menschen- und Thierüberreste in den zahlreichen Höhlen vergraben worden sein könnten, wie zum Beispiel im Thal des Podkuschek, zwischen Pjatigorsk und Kislowodsk, welches den Weg aus der Steppe zu den grasreichen Hochebenen bei Barmamud bildet.

Dass uns die Grösse einer Höhle danach angegeben wurde, dass sie 1000 Stück Vieh solle fassen können, zeigt, dass noch heute das Vieh in solche Höhlen getrieben zu werden pflegt.

Das enge Thal, mit den unerklimmbaren Bergen zu beiden Seiten, trägt manche Spuren des kriegerischen Treibens in demselben. Viereckige Thürme sind nicht selten und meist wohlerhalten, da die Grusiner sich freiwillig der russischen Herrschaft unterworfen haben. Eine ausgedehnte Ruine auf einem einzelnen Felsen, der das ganze Thal vor dem Engpass von Dariol beherrscht, zeugt davon, dass in alter Zeit sich auch bedeutendere Kräfte hier centralisirt hatten. Die Sage nennt dieses Schloss die Residenz der auf dem Kaukasus vielfach in Sagen verherrlichten Königin Tamara.

Jetzt stehen das ganze Thal entlang kleine russische Forts

Station Lars.
Chaussée Wladikawkas-Tiflis.

mit Kasernen. Zur landschaftlichen Schönheit der Gegend trägt ihre einförmige Architectur nicht bei; mag es ihnen dafür vergönnt sein, der immer wieder zerstörten menschlichen Arbeit in diesem Lande durch Erhaltung des Friedens Entwickelung zu ermöglichen!

Bei der nächsten Station Lars (Ларсъ) wurde sehr langsam umgespannt; ich fand Zeit zu einem kleinen Spaziergang und rathe Jedem, den Punkt aufzusuchen, auf welchem ich gestanden. Die Stationsgebäude zur Linken, die Richtung nach Wladikawkas im Rücken, sagte ich der sich nochmals eng zusammenziehenden Schlucht Lebewohl. So hoch sind die Felsen nicht wie in Dariol, aber doch noch sehr schön. Hier links liegt ein Berg, der Jedem, welcher Lust hat Steinböcke zu jagen, ein Bild des Jagdterrains geben kann, das ihn erwartet. Es wird Vielen die Lust darnach vergehen.

Brief XVII.

Waggon Wladikawkas-Rostow den $\frac{16}{IX}$.

In Wladikawkas machte ich einige Abschiedsbesuche, speiste bei der Generalin S... zu Mittag und fuhr am folgenden Morgen mit dem 8 Uhr 30—Zuge nach Rostow ab, nicht ohne meine Geduld auf's Aeusserste gespannt zu haben, denn solch eine Gepäckexpedition ist mir auf all meinen Reisen noch nicht vorgekommen. Nachdem man Alles besorgt zu haben meint und für das Gepäck bezahlen will, bekommt man einen kleinen Zettel in die Hand, auf dem eine Nummer geschrieben steht. Damit begeben sich Alle zu einem kleinen Fenster, hinter welchem ein Mensch mit unglaublicher, die Nerven der ungeduldigen Reisenden auf's Aeusserste reizender Langsamkeit sich bewegt, rechnet, das Billet liest, wieder rechnet, wieder liest, dann das Rechenbrett zu Rathe zieht und noch einmal die Billete studirt. Endlich ist er so weit, dass er die Quittung schreiben will; er verlässt seinen Sitz und bringt aus einer Ecke ein grosses Buch. Es scheinen 4 Exemplare der Quittung erforderlich zu sein, denn er legt immer mit grösster Langsamkeit 4 Blätter blaues Copirpapier zwischen 4 Seiten seines Buches; dann sieht er noch 2 mal nach, ob sie genau an den richtigen Stellen liegen und ob er nicht 2 Blätter anstatt eines genommen. Nun sucht er den Bleistift,—er findet keinen; unter allen Büchern, in einer kleinen Schachtel sucht er,—es ist keiner da;—er ärgert sich offenbar, er sucht nochmals; immer nichts. Er verlässt seinen Käfig und bittet andere Beamten um einen Bleistift; einer ist denn auch so glücklich, einen ganz kleinen Bleistift in seiner

Tasche zu finden. Jetzt sitzt er wieder, hat mehrmals die Spitze seines Bleistiftchens besehen und beleckt; er setzt an! — nein — er schreibt noch nicht, nimmt den Bleistift in den Mund. Die erste Rubrik, die er auszufüllen hat, ist die der Anzahl der Billete, er zählt also wieder, wie viel Billete da sind: 2 Billete.

Ich athmete tief auf, als er die Zwei schrieb; aber er hat 6 oder 8 Rubriken auszufüllen und bei jeder erst Tabellen, Rechenbrett, die Billete etc. zu consultiren. Nun sind endlich alle Rubriken ausgefüllt. Ist er fertig? Noch lange nicht,— er besieht alle 4 Exemplare der Quittungen, ob auch alle gut gerathen seien, er legt die blauen Blätter bei Seite, er schneidet eine Quittung ab!

Mein Nachbar, dem sie gilt, streckt die Hand durchs kleine Fenster, aber der Mann sitzt regungslos da, die abgeschnittene Quittung in der Hand, er scheint im Kopf zu rechnen, dann nimmt er wieder Rechenbrett und Billete zur Hand, addirt und vergleicht das Resultat mit der geschriebenen Quittung.

Ich wusste, dass ich noch $^3/_4$ Stunden Zeit hatte und war der Nächste, der an die Reihe kommen sollte, konnte daher das Ganze von der komischen Seite ansehen; aber alle die Armen hinter mir, welche inzwischen auch Billette gekauft und ihr Gepäck hatten wiegen lassen!—Einige bitten, andere schwitzen vor Angst, er wird in $^3/_4$ Stunden vielleicht doch nicht fertig.

Jetzt fahre ich wieder in der Steppe und habe daher alle Musse solche Geschichten zu schreiben. Die schönen Schneeberge mit dem Kasbek sind im blauen Dunst verschwunden! ich habe ihnen vom Perron des Waggons von Herzen Lebewohl gesagt. Es waren angenehme, schöne Tage, die ich dort verlebt!

Die fünf Berge von Pjatigorsk kommen mir wie alte Bekannte vor. Das dahinterliegende Gebirge ist bei dem besonders dicken Herrauch nicht mehr sichtbar; nur der Elbrus mit seinen beiden Spitzen schimmert in schwachen Umrissen durch die oberen klareren Luftschichten, als wolle auch er mir noch ein Lebewohl zurufen.

www.ingramcontent.com/pod-product-compliance
Lightning Source LLC
Chambersburg PA
CBHW030122240426
43673CB00041B/1364